MA BROCHURE.

DE L'IMPRIMERIE DE FAIN.

MA BROCHURE

EN RÉPONSE

AUX DEUX BROCHURES

DE Mme. DE GENLIS;

Par L.-S. AUGER.

Furens quid femina possit.
AEneid. Liv. v.

Prix : 1 fr. 50 cent,

A PARIS,

Chez { Colnet, Libraire, quai Voltaire, N°. 27 ;
Delaunay, Libraire, Palais-Royal, N°. 243.

M. DCCC. XI.

AVERTISSEMENT.

Je n'ai pas rendu compte dans le *Journal de l'Empire* de la nouvelle brochure de madame de Genlis, parce qu'elle est dirigée contre un ouvrage auquel je participe (la *Biographie Universelle*), et qu'il n'étoit pas convenable que je fusse, dans une feuille publique, rapporteur et juge du procès intenté à cet ouvrage. Mais, comme, dans ses deux brochures consécutives, madame de Genlis m'accuse d'avoir rempli de calomnies et d'odieuses personnalités les cinq articles que j'ai insérés au *Journal de l'Empire*, tant sur son livre de l'*Influence Littéraire des Femmes*, qu'en réponse à ses *Observations Critiques*, je crois devoir donner une nouvelle publicité à ces articles, en les réunissant dans une brochure. Je veux que le prétendu corps de délit ait la même forme, la même consistance que les actes d'accusation; je veux opposer brochure à brochure; je veux que la mienne poursuive celles de madame de Genlis, qu'elle aille se placer dans les mêmes mains qui ont feuilleté les siennes, et ensuite (si on ne les en juge pas toutes indignes) s'associer à elles dans les mêmes recueils. Si mes articles sont aussi ridicules et aussi odieux que l'assure madame de Genlis, je sers admirablement sa vengeance, en les sauvant du néant où tombent dès le lendemain toutes nos feuilles du jour. Dans son opinion, c'est faire revivre les preuves de ma noirceur et de ma sottise; c'est, en quelque sorte, les éterniser, car une brochure est éternelle, en comparaison d'un feuilleton. Eh bien! je prétends en courir tous les risques : dévoué, poursuivi comme Oreste, comme lui,

> Je me livre en aveugle au destin qui m'entraîne.

Mais je ne puis pas dire que je sois agité des mêmes remords; je ne me sens pas le plus léger repentir de mon crime, et je suis tout disposé à me rendre encore aussi coupable.

Je donne mes articles tels qu'ils ont paru dans le *Journal de l'Empire*, sans y changer une seule expression; mais je les accompagne de notes dont l'objet est d'expliquer les choses qui peuvent n'avoir pas été assez bien comprises, de justifier les allégations d'une nature trop sérieuse pour se passer de preuves, d'éclaircir ce que madame de Genlis voudroit rendre obscur, de rétablir le texte et le sens partout où il lui a plu de les altérer, en un mot, de ne laisser sans réplique aucune de ses réponses. J'avoue que j'ai été merveilleusement secondé par elle-même dans ce travail; ce sont ses écrits qui m'ont fourni mes meilleurs moyens de réfutation. En lisant mes notes, on sera plus d'une fois tenté de lui faire l'application de cette sentence d'un ancien :

Bis interimitur qui suis armis perit..

Publius Syrus.

« C'est être tué deux fois que de l'être » avec ses propres armes. »

Mes articles sont suivis d'une Réponse à l'*Examen critique de la Biographie Universelle.* C'est un petit monument élevé à la modération, au savoir et à la bonne foi de madame de Genlis.

En 1787, répondant fort amèrement à une critique fort douce de sa *Religion considérée,* elle disoit : « Voilà ma pre- » mière et *ma dernière réponse.* Désor- » mais je garderai le silence, et rien ne » pourra m'inspirer la volonté ou le désir » de le rompre. » On sait comme elle a tenu cet engagement. L'Avertissement qui précède sa nouvelle brochure, a pour second titre : *Ma DERNIÈRE RÉPONSE au feuilleton du Journal de l'Empire, signé T.*; et dans les premières lignes de cet Avertissement, on lit : « Je vais, *pour » la dernière fois,* répondre ici à M. T. » On pourroit demander à madame de Genlis combien elle a encore de *dernières réponses* à faire. Mais qu'elle ne se contraigne pas. Ce qu'elle a dit ne l'engage pas ordinairement beaucoup, et l'engage ici moins qu'ailleurs. C'est au *feuilleton signé T,* c'est à *M. T,* qu'elle a répondu *pour la dernière fois;* mais elle n'a point juré de ne jamais répondre à ce que je pourrois lui dire, sous une autre signature, dans le *Journal de l'Empire* ou ailleurs. Madame de Genlis peut donc, en toute sûreté de conscience, faire une troisième brochure contre moi, puisqu'ici T. n'est plus mon nom, ni le *Journal de l'Empire* mon champ de bataille. J'oserois l'en prier, si je ne craignois par-là de lui donner l'envie de n'en rien faire.

MA BROCHURE

EN RÉPONSE

AUX DEUX BROCHURES

DE Mᵐᵉ. DE GENLIS.

<hr>

Samedi 25 Mai 1811.

DE l'Influence des Femmes sur la Littérature française, comme protectrices des lettres et comme auteurs; ou Précis de l'Histoire des Femmes françaises les plus célèbres; par madame de Genlis.

Je jouis des travaux qui surpassent les miens.

LA HARPE.

SI j'étois embarrassé de savoir quel ton je dois prendre en parlant de cette nouvelle production de madame de Genlis, ce seroit bien ma faute assurément; car madame de Genlis elle-même a pris la peine de tracer des règles à ce sujet, de nous enseigner comment il faut rendre compte d'un ouvrage, et particulièrement d'un ouvrage de femme.

« La censure, dit-elle, doit être sérieuse; la sévé-

» rité n'est point offensante, la raillerie l'est tou-
» jours. L'ironie, c'est-à-dire la moquerie, n'est
» bien placée que lorsque l'on critique un ou-
» vrage ridiculement écrit, ou qui contient des
» préceptes dangereux, ou lorsque l'auteur, en
» parlant de lui-même, montre sans pudeur
» un orgueil révoltant. » Ces trois exceptions
laissent encore une assez belle marge à l'ironie.
Au reste, je fais, ainsi que madame de Genlis,
peu de cas de *cet éternel persiflage, plus ou
moins spirituel, et toujours plus ou moins usé,*
dont elle se plaint si amèrement; et cela vient
peut-être de ce que c'est un talent qui m'est
refusé : ainsi, de toute manière, je n'aurai aucun
mérite à m'en abstenir. Madame de Genlis veut
qu'on se souvienne toujours qu'une femme auteur
est une femme, *lors même que son imagination
l'auroit égarée et qu'elle auroit publié un ouvrage condamnable.* Je promets donc de ne
jamais oublier que madame de Genlis est une
femme, même s'il arrivoit qu'elle eût perdu ses
droits à cette sorte d'égards en y manquant elle-
même, c'est-à-dire, en traitant certaines personnes de son sexe avec une rigueur qu'il n'est
pas encore temps de caractériser, mais qu'assurément femme jamais n'éprouva d'une autre femme,
du moins dans un écrit public.

Le titre du livre promet un traité, une dissertation méthodique sur une question à la fois littéraire, morale et même politique, puisqu'enfin l'influence des femmes en littérature, nécessairement déterminée ou modifiée par les mœurs, la forme du gouvernement et le train des affaires publiques, doit réagir à son tour sur toutes ces choses. L'avertissement confirme l'ambitieuse promesse de ce titre : après une satire générale de tous les ouvrages faits sur le même sujet, il y est question de *plan*, de *recherche intéressante, curieuse et neuve qui produira une foule d'observations nouvelles ;* enfin d'*histoire des progrès de la décadence et de la renaissance du goût et des bons principes*, avec indication *de l'origine et des causes du mauvais goût qui a trop long-temps obscurci l'éclat de notre brillante littérature.* Qu'on se figure, si l'on peut, la surprise d'un lecteur abusé par cette profusion de grands mots, lorsque, prenant connoissance de l'ouvrage, il ne trouve qu'une simple biographie chronologique, composée d'articles nécessairement sans liaison, dont les uns sont d'une sécheresse et les autres d'une diffusion excessives. On se demande où est, où peut être le *plan* d'un livre qui offre pêle-mêle des reines, des princesses, des maîtresses de rois et des bourgeoises, des femmes qui n'ont pas écrit une ligne et d'autres qui ont entassé des volumes, celles qui ont fait des vers et celles qui ont fait de la prose. Dans cet amas de notices rangées selon le hasard des dates, on cherche, ou plutôt on ne cherche pas, sûr qu'on est de ne l'y pas trouver, l'enchaînement de faits et d'observations qui seul pourroit faire connoître *l'origine et les causes du mauvais goût, les progrès de la décadence et de la renaissance des bons principes.* Madame de Genlis a beau avoir employé les expressions circonspectes d'*esquisse légère* et d'*histoire rapide,* une série d'articles n'est pas plus une *histoire,* qu'une suite de portraits n'est un tableau ; et des réflexions isolées, si profondes, si judicieuses et si conséquentes qu'on les suppose, ne rempliront jamais l'idée de coordination, de système et d'ensemble, que le titre et l'avertissement du livre nous avoient donné le droit de concevoir. Il existe une si étrange disproportion entre ce que l'ouvrage promet d'être et ce qu'il est réellement, qu'il faut avoir recours à des suppositions pour l'expliquer. J'en ai fait une que je me permettrai d'énoncer ici, parce qu'elle n'a rien d'offensant pour madame de Genlis. On connoît la grande entreprise biographique que MM. Michaud ont formée, et qui vient de recevoir un commencement d'exé-

cution. Je les crois trop jaloux de réussir et trop
au fait des moyens qu'il y faut employer, pour
douter un seul instant qu'ils se soient empressés
de faire la conquête d'un collaborateur aussi distingué que madame de Genlis. J'imaginerois donc
qu'elle a d'abord accédé à leur proposition, et
qu'elle s'est chargée de consigner dans la *Biographie universelle* les titres de gloire que des
femmes se sont acquis en protégeant ou en cul-
tivant les lettres ; qu'au moment où sa plume facile
et féconde avoit peut-être déjà mis à fin cette
tâche qui lui convenoit si bien , des considérations,
que je laisserai dans le vague , l'ont déterminée à
se détacher de l'association ; et qu'alors, voulant
que le public ne fût pas privé d'un travail qui ne
pouvoit que perdre de son prix à être détourné
de sa destination première , elle a cru devoir lui
donner quelque nouveau relief en jetant des réflexions tantôt sages , tantôt passionnées, dans les
articles qui en étoient susceptibles , et surtout en
décorant l'ouvrage d'un beau titre, d'un titre pour
ainsi dire vaste et profond, qui donnât à une compilation , faite à la hâte d'après l'idée et sur la demande d'autrui, l'air imposant d'une conception
spontanée, fécondée et mûrie par une longue mé-
ditation : voilà ma conjecture ; j'abandonne à ceux
qui recueillent des matériaux pour l'histoire litté-

raire, le soin de vérifier si, par hasard, elle ne seroit pas un fait.

L'ouvrage est précédé d'un morceau d'apparat,
intitulé *Réflexions préliminaires sur les femmes.*
L'auteur reconnoît la supériorité de fait que
les hommes ont sur les femmes en littérature ;
mais elle nie que cette supériorité soit de droit,
c'est-à-dire fondée sur une organisation plus favorable au génie. Le génie, suivant elle, *se compose
de l'imagination, de la sensibilité et de l'éléva-
tion de l'âme ;* elle n'oublie qu'une chose dans
cette énumération, c'est la force et la durée de mé-
ditation, que des hommes de génie ont prétendu
être le génie même. Buffon le définissoit *une plus
grande aptitude à la patience ;* et Newton, in-
terrogé comment il avoit découvert ces sublimes
vérités physiques qui ont immortalisé son nom,
répondit : *En y pensant toujours.* Madame de
Genlis, d'ailleurs, confond tant qu'elle peut la sensibilité et la grandeur d'âme qui inspirent des ac-
tions héroïques, avec le génie qui enfante des
écrits sublimes. Il résulte nécessairement d'une de
ses phrases, que Cornélie avoit plus de génie que
Corneille, parce que l'une avoit réellement dans
l'âme l'héroïsme que l'autre n'a fait que peindre
dans sa *Mort de Pompée ;* et, en général, comme
la palme tragique est celle qu'on peut le moins

disputer aux hommes, et que madame de Genlis leur envie le plus pour son sexe, elle fait d'incroyables efforts pour mettre les femmes qui ont fourni des sujets de tragédie au-dessus des hommes qui en ont traité. C'est dans cette vue qu'elle rappelle les femmes victimes de la révolution et celles qui ont été martyrisées pour la foi. Elle dira qu'elle n'a point tiré des conséquences si absurdes ; je répondrai que ses propositions y conduisent tout droit. C'est elle cependant qui trouve *contradictoires et vides de sens les jugemens universellement portés sur les femmes.* Voici *textuellement* de quelle manière elle les redresse : « On accorde aux femmes une *extréme sensibilité* ; il n'y a point de sensibilité sans *énergie* : qu'est-ce que l'énergie ? sinon la *force d'âme* et la *puissance de volonté* : donc un être doué d'une *extréme sensibilité*, l'est nécessairement aussi *d'une constance inébranlable.* » On ne peut pas résister à la justesse et à la force de ce raisonnement ; le corollaire qui le termine, acheveroit de terrasser l'esprit le plus réfractaire : « La ténacité des femmes pour » tout ce qu'elles désirent ardemment a passé en » proverbe. » Ainsi, d'après madame de Genlis, le dicton populaire : *Ce que femme veut, Dieu le veut,* est un témoignage irrécusable que les femmes ont plus de génie que les hommes, qui passent pour avoir moins de ténacité qu'elles. — Telles sont les preuves de raisonnement ; celles de fait n'en sont pas indignes. Aucune femme n'a fait une bonne tragédie ou un beau poëme épique ; mais, dans la *multitude innombrable* d'hommes qui ont fait des tragédies, *nous ne comptons*, dit madame de Genlis, *que quatre grands tragiques, et c'est beaucoup*. Sans doute. *c'est beaucoup*, et pourtant madame de Genlis ne dit pas encore tout ce qui est, puisqu'elle passe absolument sous silence ce grand nombre d'hommes qui, par une ou deux belles tragédies, se sont placés immédiatement au-dessous de nos quatre grands tragiques. « Cinq femmes » seulement parmi nous ont essayé de faire des » tragédies, et non-seulement *aucune d'elles* n'a » éprouvé, comme tant d'auteurs, le chagrin » d'une chûte honteuse, mais toutes ces tragédies » eurent un grand succès dans leur nouveauté. » J'imagine que madame de Genlis comprend madame Deshoulières parmi ces cinq femmes ; or, son *Genséric* tomba tout à plat : il n'est donc pas vrai qu'*aucune d'elles* n'eut le chagrin d'une chûte honteuse ; et puis, que fait, en faveur de quelques tragédies totalement oubliées aujourd'hui, ce prétendu grand succès obtenu dans la nouveauté ? Il prouveroit tout au plus que les contemporains de ces dames ont été trop galans pour faire durement justice de leurs méchantes productions, et qu'ainsi madame de Genlis a tort de dire, comme elle le fait plusieurs fois, que les hommes se liguent toujours pour étouffer la gloire des femmes. Mais, au fait, que veut-elle nous prouver par tout cet échafaudage de raisons sans justesse et de faits sans exactitude? Rien n'est plus clair : c'est que l'aptitude des femmes pour le genre tragique est au moins aussi bien démontrée par une demi-douzaine de mauvaises tragédies, que celle des hommes par une foule de chefs-d'œuvre et de bons ouvrages du second ordre. Il faut encore ici céder à la puissance de l'argumentation. Battus, comme on vient de le voir, sur l'article de la tragédie, nous croyons peut-être triompher sur celui de l'épopée. Mais, dit madame de Genlis, vous n'avez qu'un seul poëme épique, *et il faut avouer qu'il est extrémement inférieur au Paradis perdu et à la Jérusalem délivrée.* Ceci seroit un assez bon argument en faveur de sa cause, si la *Jérusalem délivrée* et le *Paradis perdu* étoient deux ouvrages de femme ; mais la chose n'étant pas, que je sache, on ne voit guère ce que l'*extrême inferiorité* de la *Henriade* fait à la question.

Madame de Genlis, voulant absolument que

la tragédie soit le champ de bataille où se vide
la querelle des deux sexes , apparemment parce
qu'elle s'y croit sur un meilleur terrain que dans
la comédie , l'ode , l'histoire , la morale , la politique , etc. , revient de nouveau à la charge ; et
cette fois elle amène , comme auxiliaires des
femmes , les rois , les grands capitaines et les
hommes d'état qui ont eu du génie , *quoique
aucun d'eux n'ait fait une tragédie ;* puis cinq
peuples du Nord qui valent bien les Français , les
Anglais , etc. , *quoiqu'ils n'aient pas produit
de grands poëtes dramatiques ;* et enfin les
Romains , qui valoient mieux que tout cela ,
*quoiqu'ils n'aient point eu de bons poëtes tra-
giques.* La conclusion immédiate de ceci est que
« des *millions* de portefaix et des *milliers* de
» religieuses et de mères de famille auroient pu ,
» avec une éducation différente , et dans une
» autre situation , composer d'excellentes tragé-
» dies. » Puis on lit tout de suite après , que « la
» faculté de *sentir* et d'*admirer* ce qui est beau ,
» et la puissance d'*aimer* , sont les mêmes dans les
» deux sexes : » ce qui achève de démontrer que
les femmes sont en état de faire des tragédies aussi
belles que celles de Corneille et de Racine. Que
dit-on de cette logique étrange et de ces rappro-
chemens plus étranges encore ? Ces *millions de*

portefaix et ces *milliers de religieuses* ne forment-ils pas une des plus bizarres associations que cervelle humaine ait jamais imaginées !

Abandonnant enfin la tragédie, madame de Genlis passe en revue les genres où les femmes ont surpassé les hommes : « Aucun homme, dit-» elle, n'a laissé un recueil de lettres familières » que l'on puisse comparer aux Lettres de mes-» dames de Sévigné et de Maintenon. » Si je ne craignois de lui trop déplaire, je lui dirois que la Correspondance de Voltaire, bien différente par le genre de celles de ces deux dames, leur est néanmoins fort comparable par le mérite et l'agrément. Quant aux romans, elle daigne à peine mettre les hommes en parallèle avec les femmes. Nous parlons de Marivaux, de l'abbé Prévost, de Le Sage ; mais qu'est-ce que *Marianne* et *Manon Lescaut* en comparaison du plus foible même d'environ une douzaine de romans de femmes qu'elle indique, et peut-être d'une douzaine encore qu'elle n'ose indiquer ? *Gilblas* a du bon ; mais *Gilblas* n'est pas un roman, *c'est un ouvrage d'un autre genre.* Comme la question ne doit pas être seulement entre Français et Françaises, et qu'elle intéresse les deux sexes en général, nous pourrions bien appeler les étrangers à notre secours ; mais madame de Genlis

nous diroit peut-être que *Clarisse*, *Tom Jones*
et *Don Quichotte* ne sont pas des romans. A
cela que répondrions-nous ?

Encore une preuve de la supériorité des
femmes ; mais, Dieu merci, c'est la dernière :
L'académie a reçu d'Alembert, elle n'a pas reçu
Louis Racine, elle n'a reçu Thomas Corneille
qu'après la mort de son frère, elle a reçu Saint-
Aulaire pour un madrigal, elle a fait *la plus in-*
juste critique du Cid, et elle a porté le deuil
de Voiture !..... Il paroît incontestable à madame
de Genlis qu'une académie de femmes *se condui-*
roit mieux et jugeroit plus sainement. Il m'est
pénible d'avoir à faire observer que les femmes
ont eu presque toujours le malheur d'être les plus
ardentes protectrices des plus mauvais auteurs et
des plus mauvais ouvrages.

Les femmes doivent-elles écrire et devenir auteurs ? Madame de Genlis croit pouvoir agiter
aujourd'hui cette question plus librement qu'autrefois, *parce qu'elle se sent tout-à-fait désin-*
téressée dans une cause qu'elle ne regarde
plus comme la sienne. Il est évident qu'une
femme qui, de son aveu, écrit depuis trente-
cinq ans, n'est point du tout juge dans sa propre
cause, quand elle examine si les femmes doivent
écrire, Madame de Genlis décide qu'elles le peu-

vent : il est faux *que le goût d'écrire et l'amour de la célébrité leur donnent du dédain pour leurs devoirs ;* et la PREUVE, *c'est que ces devoirs ne doivent jamais prendre plus d'une heure :* c'est tout ce qu'il faut pour *régler ses comptes* et *donner ses ordres à ses gens.* Je ne vois là ni mari, ni enfans : mais apparemment s'occuper d'eux n'est pas au rang des *devoirs ;* d'ailleurs, les femmes qui n'ont pas de *gens* peuvent consacrer à ce soin la demi-heure qu'elles emploieroient à *donner des ordres ,* et de cette manière elles auront toujours le même temps pour écrire.

J'ai tenu assez bien parole, je crois ; ma *censure* n'a été rien moins que *railleuse.* Je ne suis pas certain que mon *sérieux* n'ait pas un peu ennuyé mes lecteurs ; mais je m'affermis contre cette crainte, en songeant que c'étoit l'unique moyen de *ne point offenser* madame de Genlis. Malheureusement, comme dans mon second article j'aurai des choses *bien autrement sérieuses* à dire sur son livre, j'ai peur que tant de *sérieux* ne finisse par lui déplaire à elle-même (1).

(1) Je n'ai point de notes à faire sur ce premier article, attendu que madame de Genlis l'a laissé sans réponse dans toutes ses parties , excepté en ce qui regarde la *Biographie universelle* dont je parlerai plus loin ; bien qu'il soit

SECOND ARTICLE.

Mercredi 5 Juin 1811.

MADAME de Genlis est incontestablement une femme de beaucoup d'esprit qui a très-bien observé les mœurs, les habitudes, et surtout les manières extérieures du grand monde où elle a passé une partie de sa vie ; elle a quelquefois excellé à rendre les tracasseries et les commérages de la société ; quelquefois aussi, mais un peu plus rarement, elle a réussi à peindre le jeu des passions : dans plusieurs ouvrages de forme diverse, consacrés à l'éducation, elle a mieux fait que dogmatiser sèchement sur la morale, elle l'a rendue aimable par d'ingénieuses fictions, elle l'a démontrée par des exemples d'une application sûre et facile ; enfin, ce qui n'est pas un mérite médiocre dans le siècle de l'afféterie et de l'exagération, elle a constamment écrit d'un style simple et naturel, qui ne laisse à désirer qu'un peu plus de grâce, d'éclat et de vivacité (2). Pourquoi

purement littéraire et ne renferme absolument rien qu'on puisse qualifier de *personnalité*, de *calomnie*, d'*indignité*, etc., je sais qu'il a prodigieusement courroucé madame de Genlis contre moi.

(2) Il me semble que les plus déterminés admirateurs

faut-il que, jetée hors de sa sphère habituelle par le choc violent des partis, elle se soit engagée dans des combats si peu faits pour elle? Comment n'a-t-elle pas prévu que dans cette guerre civile des esprits, les égards dus à son sexe ne manqueroient pas d'être méconnus, que plus d'un Diomède la blesseroit dans la mêlée, et, comme le brutal fils de Tydée, insulteroit encore à sa douleur? Les héroïnes sont à plaindre : elles n'ont pas la foiblesse qui protége les femmes, elles n'ont pas la force qui

de madame de Genlis ont dû souscrire à cette équitable appréciation de son mérite littéraire. En deux autres endroits, je vante *la pureté et l'élégance* de son style. Dans sa dernière brochure, elle fait mention de cet éloge, et ajoute : « Mais qu'en sait-il? » Si elle ne veut pas que je la loue, qu'elle me permette donc de la blâmer. Si je suis dépourvu des facultés nécessaires pour goûter ses écrits, je ne suis que trop excusable quand il m'arrive de les trouver mauvais, et il est bien dur à elle de m'en faire un crime : elle devroit plutôt m'en savoir gré. Mais n'importe, je continuerai à en dire du mal, au risque de lui plaire, et du bien, au risque de me tromper, selon que mon sens réprouvé en décidera. Du reste, je crois très-sincère l'aversion qu'elle témoigne pour mes éloges; depuis sa dernière brochure, j'ai rencontré nombre de personnes qui m'ont assuré que, venant de certaine part et présentées d'une certaine façon, des louanges pouvoient désobliger, et même nuire beaucoup.

fait triompher les hommes : il y a des armes dont elles ne savent pas se servir ; il en est d'autres dont elles ne doivent jamais faire usage. Madame de Genlis, par exemple, qui se respectoit trop pour employer l'injure, s'est interdit la plaisanterie, qu'elle n'aime pas, et qu'elle sait peu manier : réduite au raisonnement, à la dialectique, elle a trop prouvé qu'elle n'avoit pas plus que les autres femmes la vigueur et la précision nécessaires pour cette espèce de pugilat. J'ai récemment démontré, avec une évidence dont je suis tout honteux moi-même, que la logique lui manquoit totalement ; et que ses prétendus argumens n'avoient pas même l'honneur d'être des sophismes.

Depuis quelque temps, elle s'est comme réfugiée dans la compilation : ce genre, paisible de sa nature, peut être l'asile, la retraite honorable d'un esprit qui veut se reposer de ses agitations passées, ou qui sent le pouvoir d'imaginer s'affoiblir en lui ; mais malheureusement madame de Genlis y porte toute l'amertume de ses nombreux ressentimens, toute l'aigreur de ses nombreuses controverses, et elle n'y porte pas, du moins dans une mesure suffisante, les qualités indispensables, qui sont l'instruction, l'exactitude et la méthode. Autant que je puis m'y connoître, elle ne sait pas tout-à-fait assez ni assez bien pour écrire l'histoire littéraire. Cette assertion, que j'aurois voulu pouvoir exprimer en termes plus adoucis, doit être justifiée par quelques exemples. Madame de Genlis prétend qu'on n'a de Ninon qu'*une lettre authentique, qui se trouve dans les Œuvres de Saint-Évremont.* On trouve dans ces OEuvres *onze* lettres de Ninon, qui toutes sont *authentiques.* Elle attribue des *Mémoires sur l'Espagne* à la marquise de Villars, qui n'a laissé que des *lettres,* à la vérité, datées de Madrid. Elle dit de madame de Maintenon : « On sait qu'elle sentit *seule* alors toute la beauté d'*Athalie.* » On sait qu'elle ne la sentit pas *seule ;* car Boileau dit à Racine : *Athalie est votre plus bel ouvrage, je m'y connois, le public y reviendra.* « Les personnes, dit-elle, qui n'étoient point » admises dans la Société de Sceaux, l'appeloient » *les galères du bel esprit.* » Ce mot très-connu est de Malézieu, qui, loin de *n'être pas admis* dans cette société, en étoit l'âme et en dirigeoit tous les plaisirs. « Madame Dacier a fait connoître » tous les trésors littéraires de l'antiquité. » Les lettres ont de grandes obligations à cette dame ; mais *tous les trésors littéraires de l'antiquité étoient connus* avant elle, de quelque manière qu'on l'entende, puisqu'avant elle il existoit nombre de commentaires et de traductions de tous les auteurs grecs et latins. Ces erreurs, dont je pourrois étendre beaucoup le relevé , proviennent uniquement sans doute du défaut de savoir ou d'exactitude dans les recherches ; mais il en est d'autres qui , sans démentir aussi positivement des faits avérés, les dénaturent par l'exagération ou par les fausses conséquences que l'auteur en tire : celles-ci, qui tiennent à la préoccupation, à l'esprit de corps ou de parti, sont encore bien plus multipliées dans l'ouvrage.

Madame de Genlis prétend , comme je l'ai déjà remarqué dans mon premier article, que tous les hommes , sans exception , conspirent contre la gloire littéraire des femmes ; il n'est pas jusqu'à l'insouciant La Fontaine qu'elle n'accuse d'avoir pris part au complot. Il a puisé l'idée de sa fable intitulée *l'Amour et la Folie*, dans un opuscule en prose de Louise Labbé , surnommée *la Belle Cordière*. « Le bon homme , dit-elle, se garda bien d'avouer ce *larcin*. » (Un peu plus bas elle dit *plagiat*.) Comme La Fontaine n'a pas inventé une seule de ses fables, tout son recueil , au compte de madame de Genlis , ne seroit donc qu'un composé de *plagiats* et de *larcins* : je la préviens qu'elle aura quelque peine à établir cette opinion. Ensuite, comme en général il s'est dispensé de nommer ceux qui lui ont fourni ses sujets d'apologues, son crime n'est pas plus grand envers Louise Labbé qu'envers une centaine d'hommes qu'il a mis à contribution. Enfin, dans le recueil de ses contes, il cite, en tête de chacun, l'auteur à qui il a l'obligation de son sujet, la reine de Navarre comme les autres ; et il dit même expressément de ses *Cent Nouvelles nouvelles,* qu'elles sont

> Bien déduites et belles
> Pour la plupart, et de très-bonne main.

Le voilà donc qui déroge à cette loi tacite, mais universelle, par laquelle tout homme se dispense toujours de convenir qu'il doit à une femme une heureuse idée. J'ose croire que La Fontaine est complètement purgé de l'accusation que lui intente madame de Genlis (3). C'est avec

(3) Voici de quelle manière madame de Genlis travestit, dans sa nouvelle brochure, cette petite dissertation sur La Fontaine : « M. T. a prétendu que j'avois *aussi* » *calomnié* La Fontaine . . . . . . Il le justifioit en disant » qu'il ne devoit pas parler de Louise Labbé, parce qu'il » n'a jamais rien *inventé,* et que toutes ses fables sont » prises des anciens (ce qui n'est pas, car La Fontaine en » a inventé plusieurs). » Je n'ai point dit que madame de Genlis eût *aussi calomnié* La Fontaine : ces expressions ridicules, qu'elle souligne à dessein de me les imputer, sont d'elle et non pas de moi. Je n'ai point dit que La Fontaine *n'eût jamais rien inventé,* mais seulement qu'il *n'a-voit pas inventé une seule de ses fables* (ce qui est fort différent, et ce qui est vrai, quoi qu'en dise madame de Gen-

la même équité, la même modération de langage ;
qu'ailleurs elle dit que nul homme aujourd'hui ne
rendroit, comme Bayle, justice à l'érudition d'une
madame Dacier ; et ailleurs encore , que , si nous
nous *déchaînons* tant contre les femmes auteurs ,
c'est que nous avons perdu la supériorité qu'autrefois nous avions sur elles. N'est-ce pas nous signifier assez nettement que la littérature est tombée
en quenouille , et le sceptre du génie passé aux
mains des femmes ? Je vois madame de Genlis reine
de ce nouvel empire.

Panégyriste souvent outré des vertus et des ta-
lis (*). Enfin , je n'ai point dit qu'elles fussent *toutes prises
des anciens*. Madame de Genlis me prête des absurdités
tant qu'elle peut. Je n'en veux pas ; qu'elle les garde pour
elle et que tout l'honneur lui en reste, puisqu'elle les a
inventées. C'est un de ses péchés mignons que de citer
faux. Un écrivain très-moral a dit, dans un ouvrage très-
religieux : « Lorsqu'on cite , surtout pour critiquer, il faut
» être scrupuleusement exact. (Madame de Genlis, *Reli-*
» *gion considérée comme l'unique base du bonheur*, etc.,
» page LXXXV des notes.) »

(*) « Il est bien démontré aujourd'hui que La Fontaine n'a rien
» inventé, c'est-à-dire qu'aucun des sujets de ses fables ne lui ap-
» partient. Après avoir long-temps douté de ce fait, j'en ai trouvé
» des preuves incontestables ; et je sais que plusieurs personnes très-
» instruites ont fait sur cet objet des recherches curieuses qui les ont
» conduites au même résultat. (Notice sur La Fontaine, par
» M. Naigeon.) »

lens de plusieurs personnes de son sexe, elle est le détracteur le plus cruel de quelques autres. Parmi ses victimes, on remarque madame du Deffant, madame Geoffrin et mademoiselle de l'Espinasse, coupables de liaisons avec plusieurs écrivains du dernier siècle, et surtout avec d'Alembert, qu'elle poursuit d'une haine implacable, dont la cause est connue de tous ceux qui n'ont point oublié les évé-nemens académiques de 1783 (4). On seroit tenté de croire qu'en traitant fort mal aussi madame de Tencin, elle a voulu la punir d'avoir donné le

(4) C'est en 1783 que le prix d'*utilité* fut adjugé aux *Conversations d'Émilie* par madame d'Épinay. Madame de Genlis avoit prétendu à ce prix pour son *Théâtre d'é-ducation ;* elle avoit fait, pour l'avoir, dit La Harpe, *des visites et des démarches qui ne sont pas d'usage, et même elle avoit menacé l'académie d'une satire si elle ne l'ob-tenoit pas.* Elle tint parole : furieuse contre l'académie, et principalement contre d'Alembert, qui, en sa qualité de secrétaire perpétuel, pouvoit avoir influé beaucoup sur la décision de cette compagnie, elle publia le conte des *Deux Réputations,* cadre fait, dit encore La Harpe, *pour amener, n'importe comment, des diffamations, personnelles, directes ou indirectes.* Dès ce moment, elle n'a cessé de déchirer d'Alembert dans ses écrits. Elle prétend que je suis son *admirateur.* D'où l'a-t-elle conclu ? elle seroit fort embarrassée de le dire. Il m'a été plus fa-cile d'expliquer pourquoi elle est son ennemie acharnée et implacable.

jour à son ennemi, quoique, à vrai dire, le crime dût être bien effacé par la conduite dénaturée de cette dame envers son fils. Mademoiselle de l'Espinasse, la plus coupable de toutes, puisque ce fut celle qui inspira et accorda le plus d'attachement à d'Alembert, est aussi celle qui reçoit le plus rude châtiment. Quelques personnes ont cru voir, dans sa *Correspondance*, qu'elle aimoit en même temps le comte de Mora et M. de Guibert, quoiqu'il fût bien évident qu'à l'époque de sa passion pour M. de Guibert, il ne lui restoit plus rien de son amour pour M. de Mora, que le souvenir tendre de cet amour et le remords déchirant de son infidélité. Madame de Genlis ne s'est pas contentée d'admettre un partage de sentimens qui seroit déshonorant s'il n'étoit pas impossible ; elle n'a pas trouvé que deux amans fussent assez ; il lui a paru plaisant d'en donner trois à la fois à mademoiselle de l'Espinasse, M. de Mora, Guibert, et d'Alembert pour qui elle avoit, dit madame de Genlis, *un attachement passionné*. Certes, madame de Genlis n'ignore pas que d'Alembert, éperdument amoureux de mademoiselle de l'Espinasse, ne put jamais obtenir d'elle d'autre sentiment que l'amitié, et que l'inégalité de ce retour fut la source de ses chagrins les plus douloureux. Comment se résout-on à contredire un fait si connu, pour flétrir la mémoire d'une femme intéressante par les qualités de son âme, les agrémens de son esprit et les malheurs de sa destinée (5) ?

Madame de Genlis dit, dans son avertissement, qu'*elle ne parlera que des femmes qui n'existent plus.* Elle a tenu si rigoureusement cette promesse, qu'à l'article de madame de Maintenon, elle s'est privée du plaisir de faire une mention obligeante de l'ouvrage distingué que madame Suard a composé dernièrement sur la vie de cette dame. Dans cet article, il est fort question de madame de Genlis elle-même, et en termes excessivement flatteurs; mais ce n'est pas elle qui *parle;* elle ne fait que copier les louanges qui lui ont été données par un journaliste à propos de son roman historique de *Madame de Maintenon :* ainsi l'on voit bien qu'elle n'a pas enfreint, même pour elle, la loi qu'elle s'étoit faite de ne point parler des femmes vivantes. Toutefois, si elle s'abstient très-soigneusement de nommer les femmes qui l'aident à soutenir aujourd'hui la gloire littéraire du sexe, j'ai

----

(5) Madame de Genlis n'a pas encore daigné s'expliquer sur ce point. *Trois amans à la fois !* il me sembloit que la chose en valoit la peine. Si ce n'est rien, il est clair qu'on ne doit pas perdre son temps à se justifier de l'avoir dit, et que je suis un sot d'avoir relevé cette bagatelle.

cru m'apercevoir qu'elle ne s'interdit pas pour cela de faire à la personne ou au talent de telle de ces dames, des allusions qui ne sont pas toujours flatteuses. Elle vante beaucoup dans les femmes l'art qu'elles ont *de faire entendre ce qu'elles n'osent expliquer* : cet art, elle l'a mis elle-même en pratique avec un succès dont il est juste de lui faire honneur. « Madame Necker, dit-elle, admiroit » trop profondément M. Thomas pour ne pas » chercher à l'imiter : alors se forma cette école » malheureuse si féconde en brillans galimatias ; » école un peu discréditée aujourd'hui, dont » M. Thomas a été le meilleur auteur et le chef, » et *dont madame Necker fut la mère.* » Réfléchissons un peu sur cet étrange passage. Madame Necker est-elle bien véritablement, dans le sens moral et figuré, *la mère* d'une école de galimatias ? Quels sont les écrits qu'elle a laissés ? Le seul que l'on connoisse un peu, n'est pas proprement un ouvrage, c'est un ramassis posthume d'anecdotes et de pensées : on a pris, on a porté ailleurs quelques-unes des anecdotes ; tout le reste a été condamné à l'oubli. Quels sont les écrivains, même parmi ceux du sexe, qui ont copié son style de manière à laisser apercevoir dans le leur quelques traces d'imitation ? Il n'en existe pas, du moins le public les ignore. Comment peut-on faire école en littérature, sans offrir des modèles et sans former des élèves? Ce n'est donc point d'une *école* que madame Necker est *la mère*. On nous dit que Thomas a été *le meilleur auteur et le chef* de cette école : pourquoi ne dit-on pas qu'il en a été *le père?* De cette manière, il y auroit de la symétrie dans les mots et de la suite dans la métaphore. Oui : mais aussi le sens secret du mot *mère* ne se présenteroit peut-être à l'esprit de personne, et l'on ne verroit dans cette petite malice qu'une chose à peu près dénuée de raison. Qu'en pensent mes lecteurs? Madame de Genlis n'a-t-elle pas, comme je le disois, pratiqué, en cette occasion, *l'art de faire entendre ce qu'on n'ose expliquer?* Quoi qu'il en soit, il faut qu'elle redoute beaucoup l'influence pernicieuse que pourroient avoir sur le goût ces pauvres *Mélanges* de madame Necker, que personne ne lit ; car elle emploie cinquante et une pages à les tourner en ridicule : son commentaire est un modèle de critique amère, et le zèle des bons principes ne peut pas être poussé plus loin. Il est vrai qu'elle se dédommage de cette rigueur nécessaire, et satisfait aux égards que lui imposent d'anciennes liaisons, en nous assurant à plusieurs reprises que madame Necker étoit une très-bonne femme, très-sage et très-religieuse. Quelques gens sont d'avis qu'elle auroit pu lui faire grâce seulement d'une quarantaine de pages de critique, et profiter de la place pour parler de quelques autres femmes qui devroient figurer dans son ouvrage. Conçoit-on que madame du Chastelet, entre autres, n'ait pas son article dans un livre sur l'influence littéraire des femmes, elle qui certainement influa plus qu'aucune autre sur la littérature, par ses propres écrits d'abord, mais surtout par ceux de Voltaire, dont les plus considérables peut-être ont été composés sous ses yeux, pour ainsi dire inspirés par elle, et entrepris pour son amusement ou pour son instruction (6)? L'absence d'un

(6) Dans sa première brochure, madame de Genlis répond à ceci : « Madame du Chastelet n'a point protégé » les lettres ; son amitié pour Voltaire n'a point influé » sur les ouvrages de cet écrivain. » Voltaire, dans la préface de l'*Essai sur les Mœurs*, déclare que cet ouvrage a été *composé d'abord uniquement* pour l'illustre marquise du Chastelet-Lorraine. Être l'unique cause qu'un grand écrivain a composé son plus grand ouvrage, c'étoit, selon moi, le genre d'influence littéraire le plus direct et le mieux caractérisé. L'auteur d'une bonne notice sur madame du Chastelet, placée en tête de sa *Correspondance*, remarque d'ailleurs avec raison que Voltaire a composé auprès d'elle ses écrits les plus beaux et les plus sages ; de plus, il démontre qu'en beaucoup d'occasions elle a exigé de lui des sacrifices à la modération, aux bienséances et même au bon goût.

article aussi important que celui de madame du Chastelet augmente le ridicule de quelques autres qui n'eussent pas dû être admis dans la galerie la plus complète. Que fait, parmi les protectrices des lettres, Marie Leczinska, femme de Louis xv., princesse pieuse et charitable, dont tout le rôle politique et littéraire s'est borné à donner des enfans au roi et à faire accorder quelques grâces à Moncrif, qui composoit pour elle des *poésies spirituelles?* Son article, tout en digressions et en hors-d'œuvres, ne contient qu'un fait un peu curieux ; c'est la réflexion de Louis xv, en parcourant le fameux discours de réception de Le Franc de Pompignan : *Toutes ces choses-là , dit le roi, étoient déplacées à l'Académie , où il y a tant de philosophes.* Madame de Genlis blâme ce mot: j'ose y voir , au contraire, une nouvelle preuve de cette justesse de sens dont Louis xv étoit doué, et à laquelle malheureusement ne s'allioit pas la fermeté de caractère. Les philosophes étoient si nombreux à l'Académie, que M. de Pompignan leur devoit, en grande partie, son élection, qui avoit été à l'unanimité. Fut-il jamais raisonnable et décent, lorsqu'on a sollicité et obtenu les voix des membres d'une compagnie, de choisir tout exprès le jour où, prenant place parmi eux, on leur doit adresser des remercîmens, pour leur dire au cou-

traire des choses dures et offensantes ? Le procédé
(car c'est tout ce qu'on doit juger ici), le procédé
est inexcusable. Madame de Genlis appelle cela
courage : c'est oubli de toute bienséance et fureur de faire du bruit, rien autre chose. En toute
circonstance pareille, tout homme sensé sera de
l'avis de Louis xv.

Je réserve pour un troisième et dernier article
ce que j'ai à dire pour la défense de madame Cotin
et de Fénélon, attaqués plus que vivement par
madame de Genlis.

~~~~~~~~~~~~~~~~

TROISIÈME ARTICLE.

Lundi 1er. Juillet 1811.

Tout le monde, sans exception, a paru scanda-
lisé de la manière dont madame de Genlis parlé
de madame Cotin. Une impression générale est
nécessairement une impression juste ; le public entier a toujours raison quand il prononce sur les
bienséances : elles ont été faites par lui et pour lui ;
il en est par conséquent le juge suprême et infail-
lible.

Madame de Genlis dit beaucoup de bien de madame Cotin ; elle lui reconnoît *une âme sensible*,
~~~~~~~~~~~~~~~~

*élevée, un esprit juste et une raison supérieure;
elle convient qu'en général le roman de* Malvina
*est écrit avec grâce, rempli de pensées délicates
et de descriptions charmantes; que dans* Ma-
thilde *on trouve des scènes délicieuses, des
sentimens nobles, délicats, généreux, et des
beautés de détails qui placent cet ouvrage au
rang des meilleures productions en ce genre;
enfin,* qu'Élisabeth, *où les sentimens les plus
purs sont exprimés d'une manière touchante,
et où la partie descriptive est admirable, doit
ajouter encore à la réputation de l'auteur.* Voilà
de grands éloges sans doute, et en assez grand
nombre; mais il faut tout dire, madame de Genlis
les a disséminés dans vingt-deux pages, et je viens
de les rapprocher dans une douzaine de lignes au
plus. D'ailleurs, je les ai dégagés d'une foule de
restrictions et de phrases atténuantes qui en amor-
tissent prodigieusement l'effet. Or, de quoi sont
remplies les vingt-deux pages, moins les douze
lignes d'éloges, et peut-être encore une vingtaine
de lignes qui ne font que les répéter d'une manière
fort affoiblie? Elles sont remplies de critiques et
de citations cruelles. Mais enfin, les choses citées
sont-elles répréhensibles, et les observations qui
les accompagnent sont-elles justes? J'avoue qu'elles
m'ont paru l'être en général. Où donc est le tort

de madame de Genlis? C'est ici que certaines ex-
plications deviennent nécessaires. Madame Cotin,
vivant dans la retraite où elle pratiquoit toutes les
vertus des belles âmes, a révélé son existence au
public par cinq romans, qui tous ont excité une
vive sensation. Chacun de ces romans étoit mieux
qu'un bon ouvrage; c'étoit une belle action, puisque le produit en étoit appliqué aux plus nobles
usages. Étonnée, et presque honteuse de sa célébrité, lorsque les louanges ou les critiques parvenoient jusqu'à elle, il lui sembloit que les unes et
les autres lui faisoient trop d'honneur; elle les
recevoit avec une égale modestie, une égale reconnoissance. Enlevée à la fleur de son âge par une
mort lente et douloureuse, elle a laissé des amis
inconsolables de sa perte, et le public s'est associé
à leurs regrets. Une telle femme est digne sans doute
de tous les égards qui peuvent se concilier avec la
justice, et l'expression de ses torts littéraires (on ne
peut pas lui en reprocher d'une autre nature) doit
porter au moins le caractère de la modération.
Cette obligation, dont aucun homme ne voudroit
s'affranchir, devient beaucoup plus étroite pour
une femme, et pour celle-là surtout qui, suivant
la même carrière que madame Cotin, auroit vu plus
d'une fois ses succès éclipsés par ceux de cette heureuse rivale. Écoutons madame de Genlis: «Claire

» *d'Albe*, dit-elle, est à tous égards un mauvais
» ouvrage, sans intérêt, sans imagination, sans
» vraisemblance, et d'une immoralité révoltante:...
» Il est le premier où l'on ait représenté l'amour
» délirant, furieux et féroce, et une héroïne se
» livrant sans mesure et sans pudeur à tous les
» emportemens d'un amour effréné et criminel....
» La main d'une femme, de quelque âge qu'elle
» puisse être, ne peut copier les scènes cyniques
» d'un amour adultère, telles qu'on a osé les décrire
» dans ce roman : la fausseté des sentimens peut
» seule en égaler l'indécence..... Non - seulement
» une femme, mais un homme qui auroit quelque
» respect pour le public, n'oseroit transcrire la
» page infâme et dégoûtante qui suit certain dis-
» cours dont l'extravagance et l'impiété font toute
» l'énergie.... *Claire d'Albe* est une coupable et
» misérable production.... Dans *Amélie de Mans-*
» *field*, l'héroïne est passionnée jusqu'à la fureur
» la plus extravagante. Cet ouvrage est souillé par
» deux lettres qu'une femme auteur n'auroit ja-
» mais dû composer : le dénouement est révoltant...
» Les amans, dans ces romans, paroissent très-livrés
» à un mal physique qui leur donne une rage sem-
» blable à celle que les animaux féroces éprouvent
» dans une certaine saison de l'année (7). » C'est à

.. (7) Nous sommes un peu loin du temps où madame de

peu près de ce ton et dans ces termes qu'il faudroit parler de cet infâme roman, qui est le plus grand crime de la pensée humaine, et que doivent reconnoître à ce trait ceux qui ont eu le courage de porter les yeux sur quelques-unes de ses affreuses pages. Mais ce langage de l'indignation, si véhément et si prolongé, convient-il lorsqu'il s'agit des productions d'une femme estimable, qui n'eut que le tort d'imaginer deux ou trois situations trop violentes, et peut-être d'en exagérer encore les effets? Si madame de Genlis elle-même n'exagéroit pas, quelle odieuse idée ne faudroit-il pas avoir, et de madame Cotin, qui auroit écrit tant d'horreurs, et du public, des femmes surtout, qui les auroient lues avec délices, au lieu d'en être révoltées? Appartient-il bien d'ailleurs à celle qui créa le personnage impudique d'Armoflède, et décrivit si complaisamment les amours impures de la sexagénaire Elvire et du jeune page d'Azeli, de tant appuyer sur le reproche d'indécence et d'immo-

---

» Genlis disoit : « Je n'ai jamais critiqué un ouvrage de » femme; au contraire, j'ai toujours trouvé un plaisir par- » ticulier à faire l'éloge de leurs productions littéraires. » (*Précis de la conduite de madame de Genlis depuis la révolution, pag.* 251.) L'âge amène d'autres goûts, et fait chercher d'autres *plaisirs.* Ordinairement il dispose à l'indulgence; mais tout le monde ne se ressemble pas.

ralité ? La peinture d'un libertinage dégoûtant peut être moins dangereuse que celle d'une passion insensée ; mais s'il falloit juger, d'après l'une ou l'autre de ces peintures, l'âme et les intentions de l'écrivain, lui seroit-on plus favorable dans le premier cas que dans le second ? On pourra me demander si madame de Genlis a quelque motif particulier et personnel pour traiter madame Cotin avec cette excessive rigueur : hélas ! oui, et c'est par-là que tout s'explique. Dans la préface de *Malvina*, madame Cotin eut le malheur de dire que se faire imprimer est, pour les femmes, *un tort et un ridicule*. Ceci n'étoit déjà pas fait pour plaire ; mais elle ajouta : « Une mère, pendant qu'elle *écrit* » *sur l'éducation*, livre celle de ses enfans à des » mains mercenaires, et tandis qu'elle disserte sur » les devoirs, c'est une autre qui remplit les siens. » Cette phrase qui, dans l'intention de l'auteur, n'étoit certainement qu'une réflexion générale ; une innocente opposition d'idées, parut à madame de Genlis un trait lancé directement contre elle, et sur-le-champ elle en tira vengeance. Quelques rapports de situations entre *Malvina* et un de ses romans, les *Vœux téméraires*, lui donnèrent occasion d'imprimer que madame Cotin avoit *entièrement pillé* son ouvrage, et toutefois l'avoit *fort défiguré dans sa compilation*. Elle alloit plus loin : refusant à madame Cotin toute imagination, tout talent d'inventer, elle lui conseilloit charitablement de ne plus écrire. Ces mêmes accusations, madame de Genlis vient de les reproduire avec la même modération. D'un autre côté, *Amélie de Mansfield*, déjà critiquée par elle dans deux ouvrages, l'est plus durement encore dans celui qui nous occupe. « *Peut-être*, dit-elle, madame » Cotin a-t-elle corrigé quelques passages dans la » seconde édition de son roman : on n'a point lu » cette seconde édition. » Je me souviens que, dans le *Mercure*, on lui a donné comme fait positif ce qu'elle présente ici comme chose douteuse; d'ailleurs, le doute suffisoit pour qu'elle se procurât *cette seconde édition*, à moins qu'elle ne craignît d'avoir à retrancher de sa critique ce qui avoit rapport aux passages que l'auteur avoit retranchés de son livre. Je ne veux tirer moi-même aucune conséquence de tout ce que je viens de dire; chacun peut maintenant décider à son gré si madame de Genlis a traité convenablement madame Cotin; si ses motifs ont été purs et désintéressés; enfin, si le public a eu tort de prendre parti pour la victime contre son impitoyable critique.

Que l'ombre de madame Cotin se console, ou plutôt qu'elle se réjouisse! Fénélon est aussi en butte aux attaques de madame de Genlis. Le style du *Télémaque* est, suivant elle, *excessivement négligé;* et, pour le prouver, elle souligne dans plusieurs passages les mots répétés, tels que les verbes *avoir* et *être* dans leurs différens temps. Observons que ces deux verbes, outre leur signification propre, comme synonymes de *posséder* et d'*exister*, sont encore auxiliaires de tous les autres verbes, et que par conséquent ce sont les mots de la langue qui doivent se répéter le plus. Madame de Genlis s'applaudit d'avoir fait la première cette critique du *Télémaque*: c'est en effet bien mériter des lettres, que de chercher à diminuer le plaisir que nous cause ce bel ouvrage, en nous y faisant apercevoir, par des soulignemens, *une infinité de négligences* prétendues, qui n'avoient encore été remarquées de personne. Cette horreur des répétitions est un misérable scrupule que les grands écrivains de l'avant-dernier siècle ne connoissoient pas. Racine et Boileau, tous deux si soignés, si élégans, seroient hérissés de mots soulignés, si on leur appliquoit le merveilleux procédé de madame de Genlis. Pascal a dit: « Quand » les mots répétés sont propres et nécessaires, il faut » les laisser; *c'est la part de l'envie*. » Ce n'est probablement pas *l'envie* cette fois qui a dicté la critique de madame de Genlis; mais, quel que soit son motif, elle n'a fait qu'une chicane futile, et même fausse.

Elle ne s'est pas bornée au style; le fond même des choses a été censuré par elle avec une rigueur toute inquisitoriale. *Portraits trop ressemblans, critique sous toutes les formes et sans cesse répétée du gouvernement du roi, allusions piquantes et fâcheuses, censures amères et outrées, principes de gouvernement tout-à-fait républicains, etc., etc.*; voilà de quoi, selon madame de Genlis, le *Télémaque* est *rempli*. « Et » toutes ces choses, ajoute-t-elle, dans un ouvra- » ge écrit secrètement, à l'insu du roi! et pour » qui? pour son petit-fils; et par qui? par l'homme » de confiance choisi, placé par le souverain » même!..... » Qui l'auroit jamais cru? Fénélon, précepteur infidèle et insensé, chargé de former un roi pour la France, cherche à lui inculquer des principes républicains! Fénélon, ingrat et fourbe à la fois, abusant de la confiance du roi qui lui donne son petit-fils à élever, travaille en secret à faire détester au jeune prince l'administration et la personne de son aïeul!

Voilà, je vous l'avoue, un abominable homme.

Le roi lui fit grâce en l'exilant : coupable de lèse-majesté et de rébellion, un cachot étoit le moins qu'il méritât; car enfin, comme dit madame de Genlis, *ses torts* (le terme est beaucoup trop doux), *ses torts ne pouvoient pas plus se nier que les extravagances de madame Guyon.* Désire-t-on des preuves? Aristodème, élu roi des Crétois, veut continuer à mener une vie simple et frugale : *voilà la magnificence de Louis* XIV. *condamnée;* il veut que, de son vivant et après sa mort, ses enfans n'aient d'autre rang que celui auquel les portera leur mérite : *voilà le gouvernement électif bien préféré.* La peinture du gouvernement patriarcal des peuples de la Bétique n'est-elle pas une satire du gouvernement absolu de Louis XIV, et les lois de Salente, *une critique frappante* de son administration, et en particulier des règlemens de Colbert? Il recommande de se défier des flatteurs; Louis XIV les aimoit : de ne faire la guerre qu'au besoin; il l'avoit faite sans nécessité : de ne pas fouler ses peuples pour élever des monumens somptueux; il avoit épuisé ses finances pour faire construire des palais, etc., etc, etc. Quoique le roi ne dût jamais lire le *Télémaque,* ne sont-ce pas là toujours, comme dit madame de Genlis, des *leçons très-dures* pour lui; et peut-on le blâmer d'en avoir été offensé? Si le roi n'eut pas tort, Fénélon eut tort nécessairement; il n'y a pas de milieu. Que devoit-il donc faire? rien n'est plus simple : n'enseigner à son élève aucune des vertus que n'avoit pas Louis XIV, et ne le détourner d'aucun des défauts qu'il avoit. Il auroit été un détestable précepteur, soit; mais il n'eût du moins encouru la disgrâce ni de Louis XIV, ni de madame de Genlis.

Si j'osois élever la voix pour sa défense, je dirois que les critiques de madame de Genlis ne sont autre chose que ces clefs calomnieuses fabriquées en Hollande par les ennemis de Louis XIV, et rejetées avec mépris par tous les bons Français; que Fénélon fit son devoir d'instituteur en prémunissant le jeune prince contre toutes les passions qui font le malheur des peuples; que par-là il se montra plus véritablement digne et reconnoissant des bontés du roi, que s'il eût eu le lâche ménagement de taire à son élève des vérités nécessaires; que rien n'étoit plus propre au dessein de former le petit-fils, sans offenser l'aïeul, qu'une fiction où le grand éloignement des temps et des lieux, et la différence infinie des mœurs, rendoient les applications impossibles pour quiconque n'avoit pas l'art et le besoin d'empoisonner toute chose; que l'écrivain, familiarisé avec l'histoire des temps héroïques de la Grèce et de l'Égypte, dut peindre avec fidélité les états diversement régis qui se partageoient ces contrées, sans avoir égard au gouvernement des royaumes qui composoient l'Europe au dix-septième siècle; que, s'il vanta le bonheur de quelques peuples qui étoient sans commerce et sans luxe, il parla avec admiration de l'active industrie des Phéniciens et de la noble magnificence de Memphis; enfin, qu'il put bien faire une peinture ravissante de la Bétique, sans pour cela conseiller au duc de Bourgogne de faire un jour de la France une république; de même que Montesquieu, le plus déclaré partisan du pouvoir monarchique, ne crut pas inviter les Français à la révolte, en faisant un tableau enchanteur de cette peuplade de Troglodites qui se gouvernoit démocratiquement.

Mais à quelle fâcheuse nécessité madame de Genlis vient-elle de me réduire! Fénélon inculpé et justifié! c'est, je l'avoue, un vrai scandale, et je rougis de la part que j'y ai prise. On fait injure au public, on outrage Fénélon lui-même, lorsqu'on essaie de défendre sa vertu et son génie. Un excès de considération pour celle qui a eu le tort un peu plus grave de les attaquer tous deux, a pu seul m'entraîner dans une pareille faute : que du moins madame de Genlis, qui me l'a fait commettre, ait la générosité de me la pardonner; je ne suis pas assez exigeant pour demander de la reconnoissance (8).

(8) On verra, plus loin, toute la discussion relative à

PREMIÈRE LETTRE.

25 Juillet 1811.

A madame de Genlis, sur les Observations critiques pour servir à l'Histoire de la Littérature du 19ᵉ. siècle; ou Réponse de madame de Genlis à MM. T. et N. L., etc., sur les critiques de son dernier ouvrage intitulé : De l'Influence des Femmes sur la Littérature française, comme Protectrices des Lettres et comme Auteurs.

CONVENEZ, Madame, que la politesse seule peut m'obliger à vous répondre ; car vous-même vous n'avez répondu à rien de ce que j'avois pris la liberté de vous objecter. Vous vous justifiez d'avoir attaqué violemment Fénélon, Mad. Cotin, Mad. Necker, etc., en dirigeant contre eux de nouvelles attaques plus violentes encore que les premières; vous vantez votre *modération*, votre *amour pour la paix*, en maltraitant plusieurs autres personnes qui n'avoient rien à démêler dans toute cette affaire-ci ; enfin, pour prouver que je vous ai critiquée injustement, vous dites

Fénélon, ramenée à son véritable point, en dépit de madame de Genlis, qui m'accuse de *vouloir embrouiller* la question, lorsqu'elle-même fait, avec raison, tous ses efforts pour y jeter de la confusion?

de moi tout ce que vous avez pu imaginer de plus dur et de plus amer. Voilà exactement toute votre réponse.

L'opinion des journaux sur votre livre a été unanime, et elle est devenue l'opinion du public : c'est un fait que vous n'êtes pas obligée de reconnoître, mais qui n'en existe pas moins. Tous les journaux avoient des droits à votre animadversion : le *Journal de l'Empire* et la *Gazette de France* méritoient d'être, et ont été en effet les mieux partagés. C'est sur M. N. L. et sur moi que porte tout l'effort de votre colère ; mais, si l'un de nous deux peut se flatter de quelque préférence, j'ose dire que c'est moi (9). C'est moi qui suis le *critique à la fois lourd, insipide et méchant ;* moi qui ai le *ton sec, dogmatique et amer ;* moi, enfin, dont le troisième article est *d'une insipidité qui en surpasse, s'il est possible, la mauvaise foi.*

____

(9) « M. T., dit aujourd'hui madame de Genlis, pa-
« roît s'enorgueillir beaucoup (et j'avoue que je le
» conçois) de la préférence que je lui donne sur M. N.
» L., en m'adressant à lui... » Oui, sans doute, j'étois
fier d'être le plus injurié, parce que je me croyois le plus
haï ; mais voilà mon orgueil bien rabattu : on m'apprend
que je ne suis injurié *de préférence* que parce que je travaille au *Journal de l'Empire,* au lieu de travailler à la
Gazette de France. La dose des injures a été réglée

Vous voyez, Madame, avec quel soin, quelle coquetterie je me pare de vos injures. Cette prédilection que vous voulez bien m'accorder est d'autant plus aimable, que je la méritois moins, puisque, selon vous, je n'ai été que le *copiste* de la *Gazette*. Un *copiste* étoit peu digne de tant de courroux ; c'étoit contre l'original que devoient être lancés tous vos traits, et la pauvre copie étoit tuée par contre-coup. Je ne me permets cette remarque que pour faire éclater l'excès de vos bontés envers moi, et justifier celui de ma reconnoissance (10). J'oserai, à ce propos, vous demander un petit mot d'explication : « M. T., » dites-vous, dans son troisième article, dont l'in- » sipidité surpasse, s'il est possible, la mauvaise » foi, répète ce qu'il avoit déjà dit dans ses deux » premiers ; *car, pour cette fois, il n'a pu co- » pier la Gazette, beaucoup plus expéditive*

d'après les registres d'abonnemens. Duclos, qui traitoit quelquefois un peu vertement l'abbé d'Olivet, crut un jour exprimer tout le mal qu'il pensoit de son caractère, en disant : *Malgré toutes les duretés dont je l'accable, il ne me hait pas plus qu'un autre.* Je me vois de même réduit à n'avoir qu'une part ordinaire dans l'aversion de madame de Genlis. Encore une fois, j'avois compté sur beaucoup mieux.

(10) « Je le répète, dit madame de Genlis, presque tou- » jours M. N. L. a été l'*inventeur*, et M. T. *le copiste le*

» *que lui.* » J'ai le malheur de ne pas comprendre cette phrase : si la *Gazette* a été plus expéditive que moi, j'ai pu la copier la troisième fois comme les deux premières. Du reste, vous savez bien, Madame, que vous dites *la chose qui n'est pas vraie*, quand vous me reprochez d'avoir répété, dans mon troisième article, ce que j'avois déjà dit dans les deux précédens. Ce troisième article est entièrement consacré à l'apologie de Mad. Cotin et de Fénélon, dont il n'est nullement question dans les deux autres : je les nomme seulement à la fin du second, pour annoncer qu'ils seront l'objet du troisième. C'est dans la même phrase que vous m'accusez de *mauvaise foi* : permettez-moi de vous le dire, c'est avoir mal choisi la place, c'est avoir fourni vous-même le mot qui doit vous être appliqué. Vous vous y prenez quelquefois bien plus adroitement pour me prêter des torts que je n'ai pas. Par exemple, vous dites en un endroit :

» *plus servile.* » On ne conçoit pas combien je suis piqué de ce trait mortifiant. Je suis privé du sens qu'il faut pour apercevoir les beautés dans les écrits de madame de Genlis, et je ne sais pas même y remarquer les défauts ; il faut qu'on les montre ; ce qui frappe tous les yeux, échappe aux miens ; tout me manque, jusqu'au talent d'exprimer à ma façon les jugemens que j'emprunte aux autres, et je suis réduit à les *copier servilement.* Comment ai-je l'audace d'écrire encore ?

« Après la publication d'*Adèle et Théodore*, on
» dit alors, mais avec un peu plus d'art et d'es-
» prit, ce que M. T. répète aujourd'hui, que
» j'avois un *orgueil démesuré.* » Ces deux mots
soulignés, comme le sont toutes les citations dans
votre brochure, ne feront-ils pas croire à beaucoup de gens que je vous ai reproché brutalement
et en propres termes d'avoir un *orgueil démesuré ?* Il est cependant vrai que je ne me suis
point servi de ces expressions, ni même de l'é-
quivalent. Ailleurs, vous dites qu'au lieu de donner une idée de votre livre, je me suis borné à
déclamer contre votre *mauvais caractère.* Ces
mots que vous soulignez encore comme extraits de
mes articles, ne s'y trouvent pas non plus : vous
répétez souvent cet innocent artifice. Vous en em-
ployez encore un autre, un peu moins neuf peut-
être, mais qui ne laisse pas de produire aussi quelque
effet ; c'est de parodier mes phrases, d'en inter-
préter ou d'en exagérer le sens d'une manière
ridicule. Ainsi, j'ai *assuré,* selon vous, que
*Mad. Cotin gémissoit continuellement de sa
célébrité, et que tous ses amis savent qu'elle
en étoit inconsolable.* Cela est très-plaisant, très-
propre à égayer aux dépens de Mad. Cotin et aux
miens ; mais cela ne ressemble nullement à ce que
j'ai dit. Voici ma phrase : « Étonnée et presque hon-

» teuse de sa célébrité , lorsque les louanges ou
» les critiques parvenoient jusqu'à elle , il lui sem-
» bloit que les unes et les autres lui faisoient trop
» d'honneur ; elle les recevoit avec une égale mo-
» destie, une égale reconnoissance. » Je pourrois,
par beaucoup d'autres exemples , faire admirer la
malice et la gentillesse de votre esprit ; mais votre
talent pour les méchancetés ingénieuses est suffi-
samment connu , et puis je ne m'occupe pas tout-
à-fait ici de votre éloge. Il m'a mal réussi d'ailleurs
de vous faire des complimens : je vous demandois
si , lorsqu'anciennement vous vous étiez engagée
dans les querelles littéraires , philosophiques et po-
litiques, vous n'aviez pas craint que plus d'un Diomède ne vous blessât dans la mêlée. Un peu fausse
et ingrate en cette circonstance , vous prétendez
que je vous ai fait cette question relativement à
votre *dernier ouvrage* , et que, *si je vous ai
comparée à Vénus* , *c'étoit pour me comparer
à Diomède.* La preuve, Madame , que je parlois
de vos vieilles guerres, est dans l'allusion même
que j'ai faite : si j'eusse parlé du temps présent, ce
trait de galanterie , comme vous voulez bien
l'appeler, n'eût été qu'une grossière et détestable
plaisanterie. Quoi que vous en disiez, les Diomèdes
vous ont blessée quelquefois : si certain portrait
fait par Rivarol n'a pas été pour vous le coup de

lance qui fit couler le sang et les pleurs de la belle Cypris, je vous tiens pour invulnérable. Dernièrement, dans un article sur les *Œuvres de Fénélon*, je me suis permis une autre allusion mieux assortie à votre âge et à votre genre de vie actuel, en vous comparant à Minerve, la déesse des arts et de la sagesse. Je prévois que quelque jour vous me punirez aussi de ce compliment délicat ; mais je n'en saisirai pas moins toutes les occasions de vous dire des choses agréables : je sais depuis long-temps que l'auteur des portraits de Mesd. de Surville et d'Olcy, dans *Adèle et Théodore*, ne se pique nullement de reconnoissance (11).

(11) Madame de Genlis *ignore dans quel libelle M. T. a pris l'absurde calomnie qu'il exprime par cette phrase si spirituelle.* Il est trop juste de le lui apprendre. Dans la *Correspondance* de La Harpe, on lit : « Ce que le monde » reproche beaucoup plus, et pardonne bien moins à » madame de Genlis, ce sont cinq ou six portraits sati- » riques, auxquels il ne manque que les noms, et qui » peignent des personnes très-connues, et plus ou moins » considérables. » Dans les notes d'un ouvrage de feu M. de Marnesia, admirateur passionné du talent de ma- dame de Genlis, on lit : « Ce n'est pas d'aujourd'hui que » l'auteur des *Chevaliers du Cygne* a manifesté son goût » pour la peinture en portraits. Dans *Adèle et Théodore*, » on a cru reconnoître celui d'une de ses bienfaitrices, » dont cette bienfaitrice ni le public n'ont été contens. »

Je vous en dois, à vous, Madame, pour avoir bien voulu apprendre au public qu'avant de travailler au *Journal de l'Empire* je travaillois au *Mercure*. Tout ce que vous dites à ce sujet est d'un excellent goût de plaisanterie. J'ai ri de bon cœur du *Mercure* comparé à la Thébaïde, et de ses rédacteurs métamorphosés en *Pères du désert*. Il y a long-temps, au surplus, que les malins sont en possession de se moquer du *Mercure*, à commencer par La Bruyère, que vous avez effacé en le refaisant pour les petits enfans. Mais, vous le savez, Madame, les meilleures épigrammes datent du temps où vous-même, collaboratrice.

Madame de Genlis, qui certainement connoît ces notes, voit avec quelle modération j'use de ce qu'elles me fournissent. Enfin, dans d'autres notes ajoutées à un *Précis historique de la vie de M. de Bonnard*, dont l'auteur est bien connu, il est parlé du soulèvement d'indignation qui eut lieu, « lorsqu'on vit que madame de Genlis, sous pré-
» texte de peindre le monde à ses élèves, avoit mis dans
» son livre des portraits satiriques des personnes aux-
» quelles elle avoit le plus d'obligations. » L'auteur nomme ensuite deux femmes qu'il choisit, dit-il, *entre les plus compromises et les plus reconnoissables*, et il donne les plus longs détails sur la nature de leurs bienfaits et le singulier genre de reconnoissance que leur témoigna madame de Genlis. On voit qu'encore ici je ne suis pas l'*inventeur*, et que je me borne à mon rôle de *copiste servile*.

du *Mercure*, vous y étiez *Mère du désert*, ou, comme on l'a dit, *Mère de l'Eglise*. C'est alors surtout qu'on y pratiquoit toutes les vertus des anachorètes ; jamais la raison humaine n'y fut plus humiliée ; jamais le luxe profane de l'esprit et le vain bruit de la gloire n'y furent plus profondément méprisés. Quelques mondains ont remplacé les pieux cénobites dont vous étiez l'abbesse, et ont introduit le relâchement dans la discipline : vous y mettrez peut-être un jour la réforme. En attendant, moi, dont le monde n'a point encore altéré l'humilité, je veux me réjouir, me glorifier des mortifications que Dieu me fait subir par vos mains. « Jamais, dites-vous, l'assoupissante » lettre T. ne produira sur les lecteurs l'effet sûr » et constant du nom, qui réveille toujours » (Geoffroy), et de celui de l'ingénieux littéra- » teur géographe, qui sait également instruire et » plaire, et des lettres Y., A., etc. » Je suis charmé d'avoir valu à tous ces Messieurs des témoignages de votre estime. L'un d'eux, que vous désignez avec justice comme l'auteur *d'articles ingénieux et piquans*, n'étoit pas, à beaucoup près, si bien traité dans l'avant-propos de votre dernier ouvrage : je ne perds donc pas tout espoir d'être à mon tour loué par vous. Je ne suis pas seulement un critique *assoupissant*, dont les articles doivent être pris comme narco-tique dans les cas d'insomnie ; je suis encore, dites-vous, un *journaliste stérile.* Quand vous m'avez fait ce reproche, Madame, vous saviez trop bien qu'il me seroit impossible de vous le rendre : il est avéré que vous êtes très-féconde. Je pourrois repousser avec un peu plus d'avantage certaines observations critiques qu'un de mes ar-ticles vous suggère. Il y a de la pruderie, ce me semble, dans votre indignation contre ce que j'ai dit des *petites loges du cintre ;* le *désordre* dont j'ai parlé n'existe pas *seulement dans mon imagi-nation,* puisque je n'en parlois que d'après l'auteur des *Dialogues critiques; estomaqué,* qui vous *estomaque* si fort, est sans cesse employé par nos anciens et bons comiques; *où la louange va-t-elle se fourrer ?* fait allusion à une exclamation fa-meuse de Molière : ces termes sont familiers, mais non pas ignobles. J'ai beaucoup vanté, Madame, la pureté et le bon goût de votre style : je ne m'en dédis pas : mais gardez-vous de penser que vous soyez irréprochable sur ce point : je pourrois four-nir des preuves du contraire, qui vous morti-fieroient un peu (12).

(12) Madame de Genlis, dans plusieurs de ses ouvrages, relève les fautes de langue qu'elle a cru apercevoir dans les écrits des autres. *Cela n'est pas français, cela ne se*

C'est par vous que le public doit être informé de tout ce que je fais : vous lui apprenez aussi que je suis un des collaborateurs de la *Biographie universelle.* « J'ai fait entendre, dites-vous, *dans* » *une phrase entortillée,* que vous aviez dû y » travailler par vous-même, et qu'il y avoit de » votre part *un mauvais procédé* à avoir donné » un ouvrage composé des articles qui auroient » dû entrer dans ce dictionnaire. » Je n'ai ni dit ni *fait entendre* cette absurdité : j'ai dit très-nettement que, sous un titre fastueux et avec des promesses plus fastueuses encore de *plan,* d'*his- toire des progrès de la décadence et de la renais- sance du bon goût et des bons principes,* etc., vous nous donniez tout simplement une compi- lation décousue et incomplète, formée d'articles qui sembloient avoir été faits pour un diction- naire historique ; et vous avez la bonté de con-

dit pas, répète-t-elle sans cesse, avec la hauteur pédan- tesque qu'aurait pu y mettre Beauzée ou Domergue. Le fait est qu'elle se trompe presque toujours dans ses cri- tiques ; et, pour son propre compte, elle commet sou- vent les fautes les moins pardonnables. J'en ai un petit relevé dont je voulois faire part aux lecteurs ; mais j'aime mieux leur en faire grâce. Madame de Genlis, d'ailleurs, m'avertit que c'est une *maladresse de tout dire, parce qu'alors on se prive d'un grand avantage, si, par la suite, on est forcé de répondre à l'amour-propre blessé.*

firmer ce que j'ai dit, en déclarant qu'en effet votre livre n'est autre chose que votre travail de cinq mois pour la *Biographie universelle*. Tout est fini entre nous deux sur ce point ; mais vous menacez, d'un ton très-solennel, les chefs de l'entreprise de publier la correspondance qu'ils ont eue avec vous. J'ignore quel tort vous pourriez leur faire en imprimant des lettres qu'ils ne vous ont sûrement point écrites pour cet usage : ce que je sais, c'est que pour le coup vous auriez un *mauvais procédé*. Vous avez pu, dans un de vos ouvrages, faire une très-inutile et très-indiscrète apologie de la violation du secret des lettres ; mais les mesures extraordinaires que commande quelquefois la sûreté des états, ne doivent pas être à l'usage des particuliers (13). Croyez-moi, Madame,

(13) « Le secret des lettres est sacré entre particuliers ; » on commet une insigne bassesse quand on viole ce » secret pour satisfaire ses passions particulières (Madame » de Genlis, *Souvenirs de Félicie*). » Ce beau passage, où il s'agit des lettres qu'on intercepte, s'applique parfaitement à celles qu'on imprime sans l'aveu de celui qui les a écrites ; dans l'un et dans l'autre cas, on viole le secret de la correspondance, on *commet une insigne bassesse*. S'emparer d'une lettre adressée à autrui, c'est faire un vol ; abuser d'une lettre qu'on a reçue, c'est violer un dépôt. « Il est curieux, dit madame de Genlis, de voir, » *dans ce moment*, presque tous les Journalistes relire et

il y a du danger à donner soi-même l'exemple de la divulgation des correspondances. Quoi que vous fassiez, votre meilleure manière de nuire aux entrepreneurs du dictionnaire, est de ne pas travailler pour eux ; et vous n'exagérez nullement la fureur dont tous les collaborateurs ont été saisis, en apprenant que vous renonciez à être des leurs. Vous avez deviné juste ; c'est-là la cause du *déchaînement* de tous les journaux contre vos *Femmes célèbres*. A ce motif, je joignois, comme vous l'observez encore, celui de *me faire un peu*

» feuilleter tous mes ouvrages, pour y chercher quelque
» sujet de chicane ; s'emparer des nouvelles éditions, en
» grand nombre, qui paroissent *dans ce moment,* pour
» tâcher de prouver qu'on a eu tort d'accueillir ces ou-
» vrages, et par conséquent de les réimprimer tant de
» fois. » Je ne vais pas chercher, dans les ouvrages de madame de Genlis, des *sujets de chicane ;* mais il est tout simple que j'y trouve sans cesse la condamnation de *ses procédés :* elle a tant écrit sur la morale et les bienséances ! Par exemple, comment peut-elle parler de *ses nouvelles éditions en grand nombre,* et de ses *ouvrages tant de fois réimprimés ?* après avoir dit : « Je n'ai jamais conçu qu'un
» auteur eût le courage de dire : *On a fait plusieurs édi-*
» *tions de mes ouvrages.....* Sous quel prétexte ose-t-on
» dire de telles choses au public ?... Un peu de bon goût
» pourroit préserver de ce ridicule. (*Religion consi-*
» *dérée ;* etc. p. 339.) »

remarquer dans le *Journal de l'Empire*, en critiquant l'ouvrage d'une femme aussi célèbre que vous. Vous prétendez que cela ne m'a point réussi, et que le public ne m'a trouvé aucun talent pour ce genre. Chacun a son *public*, Madame. Votre *public* a trouvé mes articles détestables (il est vrai que, de votre aveu, vous vivez dans une retraite absolue) : le mien a bien voulu ne pas les trouver trop mauvais ; mais, je suis juste, vous étiez pour beaucoup plus que moi dans le plaisir qu'ils faisoient.

Je terminerai cette lettre par quelque chose d'un peu plus grave. Vous vous êtes permis contre moi, Madame, une imputation que je qualifie tout de suite d'odieuse, et vous ne vous l'êtes permise que parce que vous avez cru que je n'oserois pas la relever. Vous vous êtes trompée, Madame ; je vais droit sur le coup que vous me portez, et j'espère le faire retomber sur vous. « Il y a dans » mon dernier ouvrage, dites-vous, une citation » qui a charmé tout le monde, et *que M. T.* » *ne devoit pas passer sous silence*. C'est le » portrait du *Magnanime* fait par mademoiselle de » Scudéri. Ce beau portrait n'est pas de moi ; mais » j'ai le mérite de l'avoir fait connoître, et d'en » avoir la première saisi l'heureuse et frappante » application ; *et c'est pourquoi M. T. n'en a*

» *point parlé.* » Cent autres omissions pouvoient m'être reprochées par vous, aussi-bien que celle de ce portrait du *Magnanime*, dont les autres journaux n'ont point parlé non plus. Me reprocher cette omission-là seulement, et la reprocher à moi seul, est la preuve incontestable que vous avez voulu rendre suspects des sentimens dont je n'ai donné à personne le droit de douter. Ce n'est pas après une si indigne provocation que je veux les faire éclater ces sentimens ; je choisirai mieux mes instans pour les exprimer. Mais j'en atteste tous les lecteurs du passage que je viens de transcrire, si tous, sans exception, n'y ont pas vu, comme moi, une insinuation perfide, une véritable délation, je reconnois que c'est moi qui suis le délateur, et que c'est moi qui mérite le mépris public (14).

J'ai l'honneur d'être, etc.　　　　　T.

(14) Pour se disculper de cette odieuse intention, madame de Genlis se sert d'un petit subterfuge grammatical auquel je m'attendois, mais qui ne répond à rien. Pourquoi cette omission m'est-elle reprochée *seule* entre mille ? Pourquoi m'est-elle reprochée à moi *seul*, lorsque tous les autres l'ont faite ? Voilà ce qu'il falloit expliquer. Au lieu de cela, madame de Genlis chicane sur le sens du mot *délation*, qu'elle définit *dénonciation dangereuse d'un fait ignoré.* D'abord, on ne dénonce pas toujours des *faits ignorés ;* on dénonce quelquefois l'intention d'un *fait*

DEUXIÈME LETTRE.

1er. *Août* 1811.

Vous vous plaignez, Madame, de ce que les journaux *n'ont point critiqué votre dernier ouvrage sous les rapports littéraires, et ont attaqué uniquement votre caractère.* Il faut faire ici une distinction. Lorsqu'ayant à juger un livre, on prend à partie la personne de l'auteur pour des choses étrangères à ce livre, on est véritablement coupable ; mais quand un ouvrage semble dicté par des passions répréhensibles ; que nombre de personnes dignes d'estime y sont attaquées sans raison, ou pour le moins sans mesure ; que des faits notoirement faux y sont allégués pour flétrir telle ou

connu. Ensuite, c'étoit un fait, sinon *ignoré*, du moins *non remarqué*, que le silence gardé par moi sur le portrait du *Magnanime*. Relever une telle omission, publiquement, exclusivement, avec affectation, et, en tout, de manière à rendre suspects les sentimens de celui qui l'a faite, c'est dénoncer, c'est faire une *délation*. Du reste, je pense tout-à-fait, comme madame de Genlis, que les *délateurs, vils sous tous les règnes, seroient bien absurdes sous celui-ci :* j'ajoute qu'ils ne seroient nullement dangereux ; et j'ai prouvé, et je prouve encore ici ma profonde sécurité à leur égard.

telle réputation ; que cet ouvrage enfin a tous les caractères du libelle, je demande si l'écrivain et l'écrit ne sont pas solidaires, et comment il est possible de les séparer de manière à ne pas faire retomber sur l'un tout le blâme que l'on croit devoir répandre sur l'autre. Falloit-il donc examiner seulement si vos longues et cruelles sorties contre mesdames Necker et Cotin, par exemple, étoient écrites avec votre pureté et votre élégance habituelles? Devoit-on ne pas réfuter ce qu'elles ont de violent et d'injuste? Pouvoit-on le faire sans que vous fussiez, implicitement et par le fait, accusée de violence et d'injustice? Je ne le crois pas, et je m'en rapporte à vous-même sur ce point.

Je suis surpris, Madame, de la sensibilité que vous témoignez en cette circonstance. Vous nous rappelez que jadis, bien jeune encore, vous osâtes attaquer La Harpe, Marmontel, d'Alembert, Condorcet et Diderot, et que dès-lors vous prévîtes sans effroi toutes les représailles que ces hostilités devoient attirer sur vous. Après cet aveu de votre humeur belliqueuse et intrépide, il est un peu étrange de vous entendre, dans le même écrit, protester de *votre amour pour la paix*, et vous représenter comme une innocente et douce victime, qui a toujours supporté sans se plaindre les coups dont on l'accabloit. Vous oubliez, Madame, que depuis

long-temps la préface de chacun de vos ouvrages
est une récrimination fort amère contre quiconque
s'est permis de critiquer l'ouvrage précédent. Cette
fois, votre courroux plus impatient ne vous a pas
permis de prendre le peu de temps qu'il vous faut
pour faire un livre ; et, au lieu de la préface ven-
geresse, vous avez lancé tout de suite une brochure.
C'est avoir fait une réponse à part, mais non pas
avoir répondu pour la première fois. Comment
cette autre distinction si sensible a-t-elle pu échapper à la justesse de votre esprit ?

Vous me remerciez, Madame, de vous avoir
forcée à *montrer votre modération dans tout son
jour; et modérée*, même en disant du bien de vous,
vous voulez n'en citer que deux exemples. Pré-
cieuse et touchante simplicité d'une vertu qui se
trahit par les efforts même qu'elle fait pour se dé-
rober aux yeux ou ne s'y montrer qu'à demi ! vous
promettez de citer *deux exemples de modération*
seulement, et dans le moment même vous en don-
nez dix preuves nouvelles : c'est à moi qu'il appar-
tient de les proclamer. M. Villeterque, rendant
compte de votre *Bélisaire*, fit une bévue des plus
ridicules : vous ne l'avez pas relevée alors ; vous
la relevez aujourd'hui : c'est-là certainement de la
modération toute pure. Il y a quelque temps, un
autre journaliste, parlant de l'article d'une gazette

5

allemande sur les brillans succès de votre élève Casimir , plaisanta légèrement sur un mot qu'il avoit cru y voir, ou qu'on lui avoit inexactement rapporté. Vous avez eu la *modération* de ne pas *dénoncer* tout de suite ce trait au public ; vous le lui *dénoncez* quelques mois après, en le qualifiant *modérément* de *mensonge* et de *vrai tour de faussaire :* se peut-il rien de plus *modéré ?* On vous accuse d'avoir manqué de *modération* envers madame Necker : insigne calomnie! *Vous n'avez point parlé de ses Premiers Souvenirs, son plus mauvais ouvrage, rempli d'anecdotes fausses et mal contées, et de moqueries méprisantes sur ses propres amis, entre autres sur M. le comte d'Albaret et sur Mme. Geoffrin mourante* (15). Vous lui avez encore donné plusieurs autres *marques de bienveillance* semblables ; et en cet instant même, faites-vous autre chose que lui en donner une des plus signalées? Le *public* (votre *public*) *a trouvé*

___

(15) Madame de Genlis, pour prouver combien elle est *modérée,* représente qu'elle n'a pas dit des *Premiers Souvenirs de madame Necker* tout le mal qu'enfin sa *modération* laisse échapper ici. Depuis, j'ai lu ce passage de la préface des *Souvenirs de Félicie :* « Ce triste ouvrage eût » fait beaucoup de tort au caractère de madame Nec- » ker..... On n'eût point excusé celle qui se permet la » critique et la moquerie la plus piquante sur son amie

*très-plaisant le rapprochement des louanges im-
modérées données par Mme. Necker à M. Necker,
et par M. Necker à Mme. Necker, et dans un ouvrage dont M. Necker est l'éditeur.* « Vous pou-
» viez rendre ce morceau beaucoup plus piquant
» encore, en y joignant les éloges sans mesure
» donnés par madame de Staël à M. Necker, et
» par M. Necker à madame de Staël, dans un ou-
» vrage dont madame de Staël est l'éditeur. » Voilà
ce que *vous pouviez faire;* mais vous n'en avez
rien fait, vous n'en ferez rien ; vous êtes trop géné-
reuse, trop *modérée* pour donner ce ridicule à
une femme dont vous devez vous abstenir de mal
parler par plusieurs raisons, dont la moins forte
est qu'elle n'a jamais rien dit contre vous. Vous
reconnoissez que vous avez parlé d'elle, dans votre
dernier ouvrage, à propos des louanges conjugales
de M. et de madame Necker ; mais que vous en
avez parlé *indirectement* et *comme une amie.*
Vous dissimulez toujours, Madame, la moitié du
» au lit de la mort....., et qui parle d'un ton méprisant
» des personnes de sa société, et même de ses amis,
» entre autres du comte d'Albaret. » Lorsque j'ai fait
mon article, je ne savois pas encore combien madame de
Genlis avoit eu de mérite à *ne point parler* des *Premiers-
Souvenirs de madame Necker* dans son livre sur l'Influence
des Femmes en Littérature ; je ne connoissois pas encore
toute l'étendue de sa *modération.*

bien que vous faites. Ce n'est pas dans un passage seulement, mais dans deux que vous avez parlé de madame de Staël, en employant ces tours délicatement *indirects* que prend l'*amitié* qui se cache. Le même sentiment et la même réserve vous ont inspiré la page 95 de votre brochure, où se trouve ce portrait dont vous dites avec une naïveté charmante : *Il me semble que ce n'est pas là mon portrait.* Non assurément, car c'est le portrait d'une autre. « M. T, dites-vous, me fait un crime » de n'avoir pas placé dans mon ouvrage madame » du Chastelet. » Que j'étois injuste, ou plutôt aveugle! Comment n'ai-je pas vu que c'étoit *par égard pour sa mémoire* que vous n'en aviez pas fait mention? Les *égards* que vous aviez eus *pour la mémoire* de tant d'autres auroient bien dû m'ouvrir les yeux. C'étoit de la *modération* à vous de n'en pas parler; c'en est encore d'en parler comme vous le faites. Il m'avoit semblé que, dans votre article de madame de Maintenon, vous pouviez, tout en citant les louanges qui vous ont été données pour votre roman historique, dire quelques mots obligeans de l'ouvrage de madame Suard sur le même sujet. A cela vous répondez que madame Suard, dans son livre, n'a pas fait mention du vôtre, publié cinq ans auparavant. Cette réponse étoit suffisante; mais votre *modération* n'eût pas été satisfaite si, dans quatre pages, vous n'eussiez tourné en ridicule le titre du livre de madame Suard, plusieurs de ses expressions, et (ce qui dégénère un peu en personnalité) la composition de sa société d'autrefois. Madame Suard n'avoit rien fait pour mériter ces douceurs ; son silence sur vous avoit été expié par votre silence sur elle ; mais, toujours aux petits soins pour offenser, vous feignez que je suis *un de ses amis* (ce que je n'ai pas l'honneur d'être) pour la punir de mon tort, dont elle est tout-à-fait innocente, et vous procurer ainsi d'un seul coup la double jouissance d'affliger madame Suard, et surtout moi, que votre libelle n'a trouvé sensible qu'au chagrin d'avoir attiré vos injures sur une personne digne d'égards. J'espère qu'on sait maintenant, Madame, à quoi s'en tenir sur votre *modération*.

Votre plan de défense, relativement à Fénélon, mérite d'être développé. Vous objectez d'abord les éloges que vous avez faits de sa personne et de son livre. Il est vrai, Madame, vous avez dit du bien de Fénélon ; vous en avez dit aussi de madame Cotin, et je l'ai cité en entier à l'endroit même où je vous reprochois d'avoir dit tant de mal d'elle. C'est une recette connue que de mêler un peu de louange à beaucoup de blâme, pour que l'un donne à l'autre encore plus de force et de poids. D'ailleurs, com-

me vous l'avez dit vous-même, « le critique le plus
» malveillant, avec un peu d'esprit, s'acquitte sans
» inconvénient de ce petit devoir de bienséance. »
Vous prétendez *n'avoir jamais imaginé que
Fénélon ait eu l'intention de faire des allusions*. Dix ou douze lignes après cette phrase, je
trouve celle-ci : « Je pouvois citer une fameuse
» lettre, qui n'eût pas laissé le moindre doute sur
» la réalité des allusions les plus fâcheuses *faites*
» *à dessein* (souligné par vous-même) dans le
» poëme de *Télémaque*. » Plus loin, je lis cette
autre phrase : « On est forcé de convenir que Fé-
» nélon n'a pu s'abuser lui-même sur ces applica-
» tions injurieuses. » Et tout de suite après : « Ces
» preuves ne. laissent aucun doute sur la réalité
» des allusions, sur les intentions de l'auteur, et
» sur la justice du mécontentement du roi. »
Quand j'ai dit, la première fois ; que vous impu-
tiez à Fénélon le tort d'avoir *fait à dessein* des allusions, j'en étois aussi certain que je le suis maintenant. Vous êtes encore la maîtresse, Madame,
de dire que *vous ne l'avez jamais imaginé :* je
ne pourrois plus en être surpris (16). Pour forti-

(16) « M. T., dit aujourd'hui madame de Genlis, se
» plaît à confondre ce que j'ai été forcée de dire dans
» ma *Réponse* (et ce qu'il est bien prouvé que je n'au-
» rois jamais dit sans ses calomnies), avec ce que j'ai

fier vos inculpations contre Fénélon, vous faites usage d'une lettre au roi, que d'Alembert lui attribue sur la foi d'une note mise en tête par une main étrangère, tandis que M. de Bausset en démontre la supposition par le contenu même. La

» écrit dans mon ouvrage. Il résulte de ces confusions » un galimatias à ne plus s'entendre. » J'en demande pardon à madame de Genlis : je croyois avoir été clair ; je vais tâcher de l'être davantage. J'ai vu , comme tout le monde , dans son *Ouvrage*, qu'elle accusoit Fénélon d'avoir fait *à dessein* des allusions fâcheuses à la personne et au gouvernement de Louis xiv , et j'ai pris la liberté de combattre cette accusation. Ensuite , elle a prétendu, dans sa *Réponse*, qu'*elle n'avoit jamais imaginé que Fénélon eût eu l'*intention de faire *des allusions ;* et , immédiatement après, par une inconcevable absence d'esprit , elle s'est mise à citer de nouveaux passages , d'où elle a conclu l'*impossibilité de douter de la réalité des allusions* , *des* intentions *de l'auteur, et de la justice du mécontentement du roi*. Il est donc évident que j'avois bien saisi d'abord sa façon de penser, et qu'en la relevant je ne m'étois point rendu coupable de *calomnie*, puisqu'elle-même , en me répondant, a reproduit cette opinion en termes plus formels , et tâché de l'étayer de nouvelles preuves. Maintenant, elle m'accuse de confondre l'*Ouvrage* et la *Réponse*. Mais n'est-elle pas l'auteur de l'un et de l'autre, et, dans les deux écrits, l'objet de la question n'est-il pas absolument le même ; savoir : les *allusions faites à dessein* par Fénélon , dans le *Télémaque* note renferme un anachronisme ; la lettre elle-même renfermeroit un mensonge, si elle étoit de Fénélon ; et de plus, on y lit une phrase très-injurieuse pour le duc de Beauvilliers, son intime ami : mais vous ne regardez pas à ces misères-là ; vous savez même en cette occasion imposer silence à vos plus vives affections : d'Alembert vous est odieux et suspect, et je présume que vous estimez M. de Bausset ; mais la lettre, dont l'un affirme et dont l'autre nie l'authenticité, vous paroissant défavorable à Fénélon, il est tout naturel qu'ici le témoignage de M. de Bausset le cède, dans votre esprit, à celui de d'Alembert : c'est de l'impartialité, comme tout-à-l'heure c'étoit de la modération (17).

Où donc est la confusion ? Où donc peut-elle être ? Madame de Genlis s'est quelquefois contredite dans deux ouvrages différens : c'est alors qu'elle auroit pu demander qu'on ne confondît pas, c'est-à-dire, qu'on n'examinât pas à la fois les deux ouvrages. Mais ici le cas est tout différent : elle a été conséquente, elle a émis la même opinion dans son *Ouvrage* et dans sa *Réponse*. Son seul tort a été de prétendre qu'*elle n'avoit jamais imaginé* une chose qu'elle avoit bien certainement dite, et qu'au même moment elle disoit d'une manière beaucoup plus positive encore. Madame de Genlis appellera-t-elle encore cela du *galimatias ?* Je crois qu'entre elle et moi tout est devenu, non pas obscur, mais clair *à ne plus s'entendre.*

(17) Dans ce que madame de Genlis dit aujourd'hui

J'aurois beau jeu à repousser vos nouvelles attaques contre Fénélon ; mais je n'aurai pas deux fois
le tort de le défendre contre vous. Je dis, non plus
à vous, Madame, mais aux lecteurs, juges de
notre débat : Choisissez entre madame de Genlis,
qui accuse Fénélon, et Fénélon qui proteste de
son innocence; voici ses propres paroles : « J'ai
» fait le *Télémaque* dans un temps où j'étois char-
» mé des marques de confiance et de bonté dont
» le roi me combloit ; il auroit fallu que j'eusse été
» non-seulement l'homme le plus ingrat, mais
» encore le plus insensé, pour y vouloir faire des
» portraits satiriques et insolens : *j'ai horreur de*
» *la seule pensée d'un tel dessein.* » Il vous

de cette lettre, il y a quelques petites *erreurs* à relever.
« D'Alembert, dit-elle, l'a citée dans un *éloge public*
» (souligné par elle-même) comme la lettre la plus au-
» thentique, affirmant qu'il l'avoit *lue* (*idem*) et qu'elle
» étoit écrite *toute entière* (*idem*) de la propre main de
» Fénélon. » Dans l'*éloge public*, c'est-à-dire prononcé
publiquement, d'Alembert ne dit pas un seul mot de
l'*authenticité*. Il ne dit pas même, dans les notes, qu'il
l'ait *lue* sur l'original même de Fénélon, comme l'assure
madame de Genlis. Voici sa phrase : « Nous la donnons
» ici fidèlement transcrite sur l'original, qui est de la
» propre main de Fénélon. » Ce qui peut signifier et,
je crois, signifie simplement qu'on lui en a remis une
copie, en lui en garantissant l'authenticité, et que c'est

reste, Madame, la ressource de donner un démenti à Fénélon.

J'aurois encore mille choses à vous dire ; mais elles me conduiroient, en tout sens, plus loin que je ne veux aller. Je ne me permets plus qu'une observation. Si *mortellement longs* que soient mes trois articles, votre brochure de cent pages l'est un peu plus sans doute. Si vous n'avez répondu à presque aucune des critiques que j'ai faites de votre livre, ce n'est point la place qui vous a manqué : je suppose que la volonté ne vous a pas manqué davantage. C'est donc le pouvoir ; j'ai donc le droit de conclure que vous êtes forcée de m'accorder tout ce que vous n'essayez pas même de me contester. Ainsi, vous tombez d'accord avec moi que vos *Réflexions sur les femmes* sont un amas in-

cette copie qu'il imprime. S'il avoit lu de ses propres yeux la lettre en original, il n'auroit sûrement pas manqué de le spécifier. Au surplus, madame de Genlis disoit, dans sa première brochure, qu'*il étoit impossible de croire que d'Alembert eût fabriqué cette lettre ;* elle s'efforçoit d'en prouver l'authenticité, en faisant remarquer la conformité des principes qu'elle renferme avec ceux du *Télémaque ;* enfin, elle la donnoit comme pièce probante. Dans sa nouvelle brochure, elle la traite de *lettre apocryphe*, et l'allégation de d'Alembert, de *calomnie publique impudente...* Elle voit qu'ici je ne confonds pas, et que j'ai grand soin de distinguer les écrits.

cohérent de fausses idées, échafaudées sur des faits inexacts ; ainsi, vous passez condamnation sur les bévues assez fortes et assez nombreuses que l'ouvrage même renferme ; ainsi, vous reconnoissez que votre opinion sur La Fontaine, *plagiaire de Louise Labbé*, et ingrat envers elle par son silence, est une de ces opinions qu'on ne doit pas qualifier, à moins de vouloir être impoli (18) ; ainsi, essayant de justifier sans succès l'impudique Armoflède, et ne disant mot de l'impure Elvire, dont je parlois dans la même phrase, vous m'abandonnez cet obscène épisode de votre roman d'*Alphonsine ;* ainsi, vous défendant d'avoir *traité avec indignité* madame du Deffant, que je n'ai fait que nommer dans l'énumération de vos victimes, et gardant un silence absolu sur mademoiselle de l'Espinasse, qui étoit le principal objet de mes réclamations, vous confessez que vous avez calomnié celle-ci, lorsque vous avez prétendu, contre la vérité et la notoriété publique, que, déjà maîtresse

(18) *Une de ces opinions qu'on ne doit pas qualifier, à moins de vouloir être impoli.* On voit bien, par ce tour de phrase, qu'intérieurement je qualifiois l'opinion de madame de Genlis, non de *calomnie,* comme elle le prétend, mais de. . . . . .

Morbleu! vous me feriez dire quelque *sottise.*

TARTUFFE.

en même temps de MM. de Mora et de Guibert, elle avoit pour troisième amant d'Alembert, confident délicat des deux autres amours. Voilà, Madame, une partie des choses dont vous convenez avec moi; c'est beaucoup plus que je n'osois espérer.

J'ai l'honneur d'être, etc.   **T.**

PETITE RÉPONSE

A l'Examen critique de la Biographie universelle.

MADAME de Genlis, qui m'accuse d'avoir mêlé dans une discussion littéraire des calomnies et des personnalités *étrangères au sujet de la dispute*, et qui, comme on l'a bien vu, ne s'est jamais défendue contre moi qu'avec des armes très-innocentes et très-courtoises, commence son *Examen* par insinuer que les entrepreneurs de la *Biographie universelle* ont manqué, sinon de probité, du moins de délicatesse, en saisissant, pour faire paroître leur ouvrage, le moment où le *premier auteur* de l'ancien Dictionnaire (1) en avoit sous

(1) Ce n'étoit point le *premier auteur*, mais un libraire *acquéreur*, tout-à-fait étranger à la composition de l'ouvrage.

presse une nouvelle édition. Madame de Genlis, qui avoit contracté l'engagement de travailler à la *Biographie*, ne craignoit donc point alors de participer à une chose peu délicate. Ce scrupule ne lui est donc venu que depuis la rupture de son engagement. C'est avoir une conscience qui s'accommode aux temps et aux circonstances. Mais qu'elle se rassure pour les entrepreneurs de la *Biographie* et pour elle-même. Cet ouvrage a été projeté, et même commencé bien long-temps avant que parût le prospectus de M. Prudhomme, publié en septembre 1809 : l'engagement signé par madame de Genlis elle-même ; le 22 mars de la même année, c'est-à-dire six mois auparavant, ne laisse aucun doute sur cette antériorité.

Suivant elle, « le titre de *Discours prélimi-
» naire* donné à la *petite préface* placée en tête
» de l'ouvrage, a paru un peu ambitieux ; *six ou
» sept pages* ne méritoient nullement cet hon-
» neur. » Pourquoi en imposer sur de si petites choses ? le profit n'est pas égal au danger. Madame de Genlis sait bien que ce discours a *onze* pages, et non pas *six ou sept* ; elle sait bien aussi qu'il est d'une impression extrêmement serrée, et, comme on dit en langage typographique, de la plus grande *justification* possible. Les *onze* pages en feroient juste *trente* comme celles de la brochure de ma-

dame de Genlis ; c'est un petit calcul que son libraire fera devant elle , quand elle voudra , en multipliant les lettres de la ligne par les lignes de la page. Je ne crois pas qu'il y ait beaucoup de vanité à prétendre que mon discours a le nombre de pages qu'il a réellement ; c'est ce que je puis , le plus décemment et le plus facilement surtout , prouver à son avantage. Madame de Genlis en attaque aussi le contenu ; mais , sur ce point , je me garderai bien de le défendre.

Après avoir dit le contraire de ce qu'on sait bien , c'est une pécadille que d'affirmer ce qu'on ne sait pas du tout et qui n'est pas vrai. Il n'est pas vrai que le *Prospectus ,* joint au *Discours prélimi-naire ,* soit *du même auteur :* ainsi je ne puis pas, en conscience , me faire honneur du mal qu'en dit madame de Genlis.

MM. Suard , Ginguené et Michaud sont les auteurs de la *Biographie* qu'elle attaque avec le plus d'animosité et d'acharnement. Comme il est difficile de ne pas reconnoître en eux autant d'esprit, d'instruction, de talent d'écrire et de goût , qu'aux autres collaborateurs épargnés ou loués par elle , il faut bien croire qu'elle a eu ses motifs particuliers pour leur accorder, ainsi qu'à moi , cette flatteuse *préférence.* Elle a bonne envie de leur porter des coups dangereux, c'est une justice à lui rendre ; mais sa main est si débile, si peu sûre et souvent si maladroite ! Ses traits sont lourds, mal acérés, émoussés d'avance. Pour suppléer à leur mauvaise trempe, elle en empoisonne quelquefois la pointe. Mais comment pourroient-ils nuire ? ils n'arrivent pas à moitié chemin, ils tombent plus près de celle qui les lance, que de ceux qu'elle en voudroit frapper ; et tout leur effet, quand ils en ont, est de blesser la triste amazone qui ne sait plus autre chose alors que se plaindre du mal qu'elle s'est fait elle - même, et injurier les gens qu'elle n'a pas su percer. MM. Suard, Ginguené et Michaud n'ont point à se défendre et ne se dé-fendront pas : si je les voulois venger, je serois, à coup sûr, désavoué par eux. Il ne faut pas dé-ranger le trop risible spectacle que donne aujour-d'hui au public une femme en colère, qu'on voit, seule dans l'arène, s'escrimer de loin contre plu-sieurs hommes qui ne daignent pas répondre à ses provocations et s'apercevoir de ses vaines esto-cades. Quelques bonnes âmes la plaindront en la blâmant ; tout le reste en rira, et bientôt ce com-bat sans combattans cessera même d'avoir des spec-tateurs. Pour moi, quoique je n'aie pas encore ac-quis le droit d'être difficile en ennemis, je ne veux pas, pour le plaisir de la galerie, rompre plus long-temps des lances avec madame de Genlis. Je vais seulement faire voir, en peu de mots, quel avantage me donneroient sur elle, si je voulois la combattre sérieusement, et le terrain qu'elle a choisi et les armes dont elle se sert.

Madame de Genlis se moque beaucoup de cette expression de M. Ginguené : « Andreini *donna* » *des fragmens de sa femme* Isabelle. » Elle avertit que cela ne veut pas dire pourtant qu'Andreini *mit sa femme en pièces*. Voilà sûrement une plaisanterie d'un goût bien délicat. Mais si l'on s'apercevoit que le passage est faux, est controuvé, n'y auroit-il pas de quoi prendre un peu d'humeur et s'exprimer avec quelque dureté ? Quant à moi, je me défie des termes qui pourroient venir au bout de ma plume, et j'aime mieux emprunter ceux dont madame de Genlis elle-même se servit, un jour qu'elle croyoit avoir à se plaindre d'avoir été citée inexactement. « Quoi ! diront les gens du monde, » est-il possible qu'une *femme auteur*, pour peu » qu'elle se respecte, ose faire un tel mensonge » (car il faut bien dire le mot propre) ? Oui, cela » est très-possible, et même très-*vrai*. (Préface de » *Bélisaire.*) » M. Ginguené n'a pas dit : Andreini *donna des fragmens de sa femme*, mais *donna une ÉDITION des fragmens de sa femme* Isabelle.

La plupart des citations faites dans l'*Examen*

critique, le sont avec cette même bonne foi. M. Suard, après avoir fait en particulier un assez grand éloge des divers ouvrages d'Addison, porte un jugement total sur son talent, et dit : « Dans tous les » genres, *il s'est placé FORT AU-DESSUS* de la » médiocrité. » Madame de Genlis lit ainsi : « *Il* » *n'a fait que se placer AU-DESSUS* de la médio-» crité ; » et puis elle accuse M. Suard de contradiction.

Tromper sciemment et pour nuire, est odieux ; se tromper n'est que ridicule, mais l'est beaucoup quand on se mêle de régenter. « M. Ginguené, » selon madame de Genlis, paroît faire du poëte » Arator un poisson ou un animal amphibie, en » disant que *la Rivière de Gênes réclame l'hon-* » *neur de l'avoir produit.* » On donne communément, dans les Géographies, le nom de *Rivière de Gênes* à la partie de l'état de Gênes qui s'appelle autrement la *Côte ;* et cette partie se divise en *Rivière du Levant* et en *Rivière du Ponant.* Quand on a fait tant d'éducations, on devroit savoir ces choses - là.

Madame de Genlis a remarqué *plusieurs fautes de langue* dans les articles de M. Suard ; elle n'en relève que deux : la première est à peine une négligence ; voici la seconde : « De pareilles déclarations, » absurdes et révoltantes en soi, devinrent encore

6

» plus ridicules, etc. » DES DÉCLARATIONS RÉVOL-
TANTES EN SOI! s'écrie madame de Genlis ; *voilà
une grande distraction.* Quel malheureux tic
madame de Genlis a-t-elle donc de professer la
grammaire, elle qui n'en sait pas les règles, né les
suit que d'instinct et les viole assez souvent! Que
ces arguties grammaticales de la part d'une femme
ont mauvaise grâce lors même qu'elles sont fon-
dées! quel surcroît de ridicule quand elles ne le
sont pas! Philaminte étoit pédante ; mais Philaminte du moins ne se trompoit pas lorsqu'elle re-
prenoit Martine. Philaminte auroit appris à madame de Genlis, que *soi* est un pronom de tout
genre et de tout nombre , qui se rapporte aux
choses comme aux personnes. L'Académie, dans
son Dictionnaire, donne pour exemple : « De *soi* ,
» le vice est odieux, la vertu est aimable de *soi* ; »
et, dans ses Observations sur les Remarques de
Vaugelas , elle approuve cette phrase : « De *soi* ,
» ces choses sont indifférentes. »

Madame de Genlis auroit pu tirer de moi une
vengeance éclatante : je ne lui en fournissois que
trop les occasions et les moyens ; mais on auroit
pu la soupçonner d'y mettre de la passion, de
l'injustice, et c'est ce qu'elle a toujours évité
très-soigneusement. En conséquence, *elle a supprimé ses critiques sur mon travail* dans la

première livraison de la *Biographie.* J'en ai fait le *Discours préliminaire*, et elle l'a *critiqué*; elle a *critiqué*, comme étant de moi, le *Prospectus* qui n'en est pas; et sur sept articles que j'y ai faits, dont trois de quelques lignes, elle en a *critiqué* trois des plus étendus : voilà tout. Du reste, ce n'est pas sa faute si ces critiques sont restées, c'est qu'*elles se trouvoient nécessairement liées à d'autres* : toujours est-il bien certain, puisqu'elle le dit, qu'*elle en a supprimé beaucoup.* Elle auroit pu en supprimer encore deux, attendu que ce n'est pas sur moi qu'elles portent, et qu'il n'est pas juste qu'un pauvre auteur soit puni pour avoir été cité par moi : c'est d'Assoucy lui-même qui donne la qualité de *pages de musique* aux deux petits garçons qui le suivoient partout; et c'est Chapelle qui, dans son *Voyage*, définit le crime pour lequel ce même d'Assoucy manqua d'être brûlé à Montpellier, *un crime qui est en abomination parmi les femmes.* Madame de Genlis se plaint de ce que *je n'ajoute rien de plus sur ce crime,* sans chercher à deviner quel il peut être, elle conjecture que c'est un crime affreux, puisqu'il mérite le supplice du feu, et elle se plaît à croire qu'il est aussi en abomination parmi les hommes. Elle a bien raison : les hommes l'ont tellement *en abomination,* qu'ils n'en parlent jamais sans une nécessité absolue, et n'en parlent qu'en termes fort couverts, comme a fait Chapelle, qui ne se piquoit pourtant pas de pruderie. Il n'y a que la chaste ignorance où madame de Genlis est sur ce point, qui puisse la faire excuser d'avoir choisi un pareil texte pour ses observations critiques, et de s'être plainte qu'on ne lui eût pas donné plus d'éclaircissemens (1).

Encore un mot, et je finis. Madame de Genlis termine sa première brochure sur la *Biographie*, en promettant de donner dans la suivante un article qu'elle a *refait*. Je me souviens de cette petite anecdote que j'ai lue dans un livre : « Gluck di- » soit, en parlant de Piccini : *Si son Roland* » *réussit, je le* REFERAI. » Le très-judicieux auteur qui raconte le fait, ajoute : « Ce mot est » d'un genre qui ne me plaira jamais. Un lan- » gage constamment modeste est de si bon goût ! » L'auteur est madame de Genlis, et le livre, les *Souvenirs de Félicie.*

(1) Dans un article du *Journal de l'Empire*, où je suis constamment sacrifié à madame de Genlis, mais que je n'en ai pas moins trouvé très-gai et très-spirituel, on lui a déjà reproché ce petit mouvement de curiosité.

FIN.

www.ingramcontent.com/pod-product-compliance
Lightning Source LLC
Chambersburg PA
CBHW051233030726
47595CB00003B/895